《国际中文教师证书》考试仿真预测试卷

（第四辑）

主编：梁社会　张小峰

编著：（按姓氏拼音顺序排列）

丁　丽　公　娜　吕超群　苏春霞

田佳莉　王　姗　杨汝媛

图书在版编目(CIP)数据

《国际中文教师证书》考试仿真预测试卷. 第四辑 / 梁社会,张小峰主编. —北京:北京大学出版社,2022.1
ISBN 978-7-301-32619-0

Ⅰ. ①国… Ⅱ. ①梁… ②张… Ⅲ. ①汉语 – 对外汉语教学 – 资格考试 – 习题集 Ⅳ. ① H195.3-44

中国版本图书馆 CIP 数据核字(2021)第 206398 号

书　　　名	《国际中文教师证书》考试仿真预测试卷(第四辑) 《GUOJI ZHONGWEN JIAOSHI ZHENGSHU》KAOSHI FANGZHEN YUCE SHIJUAN (DI-SI JI)
著作责任者	梁社会　张小峰　主编
责任编辑	宋立文　孙艳玲
标准书号	ISBN 978-7-301-32619-0
出版发行	北京大学出版社
地　　　址	北京市海淀区成府路 205 号　100871
网　　　址	http://www.pup.cn　新浪微博:@北京大学出版社
电子信箱	zpup@pup.cn
电　　　话	邮购部 010-62752015　发行部 010-62750672　编辑部 010-62753374
印　刷　者	三河市博文印刷有限公司
经　销　者	新华书店
	889 毫米 ×1194 毫米　16 开本　10.5 印张　212 千字
	2022 年 1 月第 1 版　2023 年 4 月第 2 次印刷
定　　　价	45.00 元

未经许可,不得以任何方式复制或抄袭本书之部分或全部内容。
版权所有,侵权必究
举报电话:010-62752024　电子信箱:fd@pup.pku.edu.cn
图书如有印装质量问题,请与出版部联系,电话:010-62756370

出版说明

本系列丛书是为教育部中外语言交流合作中心主办的《国际中文教师证书》考试编写的应试辅导用书。

《国际中文教师证书》考试是一项标准化考试。考试依据《国际汉语教师标准（2012）》，通过对汉语教学基础、汉语教学方法、教学组织与课堂管理、中华文化与跨文化交际、职业道德与专业发展等五个标准能力的考查，评价考生是否具备担任国际中文教师的能力。

本系列丛书分辑出版，每辑包括三套仿真模拟试卷、参考答案及精要解析。

本系列丛书的编写思路和特点是严格参照最新考试大纲和样卷编写，准确传达考试宗旨、试题形式和出题原则。另外，丛书编著者均为高校国际汉语教学专业一线教师，或其他教学机构《国际中文教师证书》考试资深培训教师，他们对历次考试变化和发展趋势有专门的研究和准确的把握，力争通过本套丛书再现最新的考试动态，预测未来考试的特点和发展趋势。

本丛书可用于全面复习前或复习过程中的自我检测，从而针对自己的具体情况确定复习范围和重点；也可用于考前自测，全面检查复习效果，查漏补缺，从而进行有针对性的考前强化复习；各类培训班也可用本丛书进行模拟考试，以检验教学效果。

本书配有在线资源，考生可及时了解考试动态，获得复习及应试指导，并可通过微信群进行复习考试交流。

北京大学出版社
汉语及语言学编辑部

《国际中文教师证书》
考 试

仿真预测试卷一

注　意

一、本试卷分三部分：
    1. 基础知识 50 题
    2. 应用能力 50 题
    3. 综合素质 50 题

二、请将全部试题答案用铅笔填涂到答题卡上。

三、全部考试约 155 分钟（含 5 分钟填涂答题卡时间）。

第一部分 基础知识

第 1—7 题

> 音高可以分为"相对音高"和"绝对音高"两类。妇女和儿童的声音高一些（妇女 150～300 赫兹，儿童 200～350 赫兹），成年男子的声音低一些（60～200 赫兹）。

1. 上段材料主要体现了语音的哪种基本属性？
   A. 物理属性　　　B. 自然属性　　　C. 生理属性　　　D. 社会属性

   请根据下列描述，判断其分别与语音要素中的哪些要素相关，其中有两项是多余的。

> 2. 发音体的振幅
> 3. 汉语普通话中四声的差别
> 4. 普通话中 b [p] 和 f [f] 不同

　　2. ＿＿＿＿＿＿
　　3. ＿＿＿＿＿＿
　　4. ＿＿＿＿＿＿

A. 音高
B. 音强
C. 音长
D. 音色
E. 基音

5. 汉语中的同音字现象、普通话与方言的异同等都体现了语音的哪一属性？
   A. 物理属性　　　B. 生物属性　　　C. 地域属性　　　D. 社会属性

6. 下列各组拼写形式按正词法规则均有误，其中只存在一处错误的是：
   A. 绿色（lù sè）秋天（qiōutiān）博物馆（bówù guǎn）
   B. 王阳（Wuáng Yáng）对不起（duìbuqǐ）刷碗（shūawǎn）
   C. 南京市（Nánjīng Shì）董小姐（Dǒngxiǎojiě）诸葛孔明（Zhūgě Kǒngmíng）
   D. 扬子江（yángzǐjiāng）人民日报（rénmín rìbào）张华（Zhāng Huá）

7. 下列各组辅音分别与 t [t'] 和 sh [ʂ] 的发音原理相同的是：
   A. d [t] 和 c [ts']　　　　　　B. b [p] 和 s [s]
   C. k [k'] 和 zh [tʂ]　　　　　D. z [ts] 和 ch [tʂ']

第 8—10 题

> 远看山有色，近听水无声。春去花还在，人来鸟不惊。

8. 下列与"远"的音素数目相同的一组是：
   A. 为、雪、有、文
   B. 小、影、往、惊
   C. 给、岩、晚、酒
   D. 羊、云、转、外

9. 下列能正确体现汉字演变顺序的一组排列是：

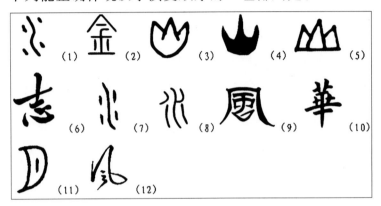

   A. (3)(7)(8)(6)(9)(10)(12)
   B. (5)(4)(8)(9)(10)(12)(6)
   C. (1)(7)(2)(9)(12)(6)(10)
   D. (1)(11)(7)(2)(6)(10)(12)

10. 下列各组中，每个词语均有字形错误的一项是：
    A. 陷井　翱游　通缉　撕杀
    B. 亵渎　编纂　蛰居　文身
    C. 照像机　冷不妨　座标系　爆发户
    D. 黯然泪下　绝不罢休　原物必还　针贬时弊

第 11—15 题

> 词汇是语言的建筑材料，是词和语的集合体。词和短语的区别可以从意义、语音形式和语法功能三个方面着手来分析。

11. 下列与"译员"构词法类型一致的是：
    A. 弥漫　　B. 语言　　C. 妯娌　　D. 记性

12. 下列**不符合**前者是词、后者是词组的一组是：
    A. 说明　说清　B. 骨肉　酒肉　C. 存款　革命　D. 兄弟　铁门

13. 从相对与绝对的角度判断，下列与"动—静"这对反义词类型相同的是：
    A. 愚蠢—智者 B. 升—降
    C. 现象—本质 D. 冷—热

14. "端正了思想"和"思想很端正"中的两个"端正"，"打了一个电话"和"打这儿经过"中的两个"打"分别是词的：
    A. 兼类现象和同音现象 B. 同音现象和兼类现象
    C. 活用现象和兼类现象 D. 兼类现象和活用现象

15. 下列文言文中与"以理服人"中的词类活用现象**不一致**的是：
    A. 苦其心志，劳其筋骨，饿其体肤
    B. 敏而好学，不耻下问
    C. 外连横而斗诸侯，于是秦人拱手而取西河之地
    D. 无丝竹之乱耳，无案牍之劳形

第16—21题

> 走进学校，我才发现好像来到了另一个世界。上哪儿去找我的姐姐呢？这时对面走过来一位像老师的姑娘。我走上去说："请问，您认识于菲吗？"她眼睛上上下下打量着我说："你是她的妹妹吧？"嗨，有门儿！

16. 下列关于材料中"好像"和"像"所在句子的描述正确的是：
    A. 两者都是比喻句
    B. 前者是"暗喻"，后者是"明喻"
    C. 前者是"借喻"，后者是"明喻"
    D. 两者都不是比喻句

17. 下列哪项与材料中"才"的意义和用法相近？
    A. 今天上午11点我才起床 B. 他刚才来过
    C. 温故才能知新 D. 现在才正月初十

18. 下列关于材料中的"呢""吗""吧"的用法表述**不当**的是：
    A. 都是虚词，没有实际意义，省略不影响句义
    B. 都是语气词，都可用于是非疑问句
    C. "呢"可用在特指问、选择问和正反问句末，表示深究的语气
    D. "吧"可以用于表祈使语气

19. 下列选项与材料中"着"的用法一致的是：
    A. 花瓶里插着花 B. 不要一直盯着人看
    C. 他穿着一件粉色外套 D. 门开着

20. 关于"走上去",下列说法**错误**的是:
   A. "上去"是复合趋向动词,用作"走"的补语
   B. "上"和"去"都是单纯趋向动词
   C. "上去"充当趋向补语,"走上去"中间插入"得"或"不"后,变为情态补语
   D. 从结构上看,"走上去"是一个述补词组

21. 下列与材料中的"有门儿"属于同一熟语类型的是:
   A. 八竿子打不着   B. 五十步笑百步
   C. 磨刀不误砍柴工   D. 花生壳,大蒜皮——一层管一层

第22-25题

清晨,①在学校操场上,你会看到很多人②在锻炼身体。他们有的听着音乐跑步,有的边吟诵边打太极拳,还有的③在练气功。玛丽喜欢运动,她也常常④在这里。

22. 下列关于文中"在"的表述正确的是:
   A. ①②③④的用法一致
   B. ①④的用法一致,②③的用法一致
   C. ①中的"在"是动词
   D. ④与"他不在家"中的"在"用法一致

23. 下列与"学校操场"结构一致的是:
   A. 木头椅子   B. 首都北京
   C. 繁荣市场   D. 分析研究

24. 下面关于"边……边……"和"又……又……"表述**不正确**的是:
   A. 两者都可以表示两个动作同时进行
   B. 都是连接两个并列成分,该成分的结构和词性都必须相同
   C. 后者的主语只能是同一个人
   D. 两者在一定条件下可以相互替换

25. 关于"常常"的用法,下列说法正确的是:
   A. 和"经常"是一对同义词,可在任意条件下互换使用
   B. 副词作状语,用在动词前表示动作发生的程度
   C. 可以省为"常",而不影响句义
   D. 否定式是在其后加"不"

第 26—27 题

> 克拉申（Stephen D. Krashen）在情感过滤假说中指出，语言习得虽然主要依靠可理解的输入，但同时也受到情感因素的影响。

26. 下面关于情感过滤假说说法**错误**的是：
    A. 作为个体因素中的情感因素主要指学习目的、学习动机、自信心、焦虑感
    B. 学习目的明确、自信心越强、焦虑适度，情感过滤就越强
    C. 情感因素是可以调节的，因此教师要多鼓励学生，培养学生成就感，树立学生自信心
    D. 情感过滤假说主要是说情感对输入的信息起了过滤或屏障作用

27. 下列关于"输入假说理论"说法正确的是：
    A. 1985 年，克拉申在其著作《输入假说：输入与习得》中正式归纳提出
    B. 该理论包括习得与学习假说、自然顺序假说、监控假说、输入与输出假说和情感过滤假说等五个系列假说
    C. 监控假说中，克拉申仍强调习得是首要的，学习是辅助性的这一观点
    D. 克拉申的输入假说既强调可理解性输入，也强调口语的输出

第 28—30 题

> 最初是欧洲各国学习古代希腊语和拉丁语的一种教学方法。18 世纪、19 世纪，欧洲英语教育、法语教育兴起，教师就沿用了该学习拉丁语的教学方法。

28. 这种教学方法具体指什么？
    A. 语法翻译法   B. 直接法
    C. 交际法   D. 自然法

29. 关于该教学方法，下列说法**错误**的是：
    A. 是第二语言教学法史上第一个完整的教学法体系
    B. 注重学生智力的发展，能较好地培养阅读能力和翻译能力
    C. 心理学基础是联想主义心理学和行为主义的刺激反应论
    D. 忽视口语教学和语音教学，缺乏听说能力的训练，最根本的问题是不利于语言交际能力的培养

30. 与该教学法相对立的一种教学法流派，又称"改革法"，对其描述正确的是：
    A. 可以帮助学习者在一定的时间内提高阅读能力，较准确地获取书面信息
    B. 该法历史最久，有很强的生命力，影响很大
    C. 其心理学基础是 18 世纪德国的官能心理学
    D. 该法对成年人学习第二语言的规律认识不足，忽视语法规律的掌握

第 31—32 题

> 交际法又称"交际语言教学"，较早称为"功能法""意念—功能法"，是以语言功能和意念项目为纲，培养在特定的社会语境中运用语言进行交际的能力的一种教学法。

31. 关于该教学法，下列叙述**错误**的是：
    A. 交际法最有名的教材是《跟我学》
    B. 产生于 20 世纪 70 年代初期，中心在英国，创始人是英国语言学家威尔金斯，代表人物有亚历山大、维多森等
    C. 交际法强调以学生为中心，强调教学要为学生的交际需要服务，注重培养语言交际能力
    D. 交际法强调的教学顺序是先听说后读写，先口语后书面语，注重培养口语能力

32. 下列**不属于**交际法的特点的是：
    A. 明确提出第二语言教学目标是培养创造性地运用语言进行交际的能力
    B. 以功能和意念为纲，以话语为教学的基本单位
    C. 以单项技能训练为主，单项技能训练与综合型技能训练相结合
    D. 根据学以致用的原则，有针对性地进行"专用语言"的教学

第 33—36 题

> 关于学习，有不同的分类方法，其中，在西方影响较大的是美国心理学家加涅提出的分类方法。他按学习的复杂程度，由低级到高级把学习分为八类。

根据以上描述，下列行为分别属于哪种学习类型？请从 A—H 中选择，其中有四个多余选项。

33. 斯金纳操作条件反射
34. 将单音节连成复合音节、将单词组成句子
35. 巴甫洛夫经典性条件反射
36. 体操动作的学习

33. _____
34. _____
35. _____
36. _____

A. 信号学习	B. 刺激－反应学习
C. 连锁学习	D. 言语联想学习
E. 多种辨别学习	F. 概念学习
G. 原理学习	H. 解决问题的学习

第37－39题

学习策略是语言学习者为有效地掌握语言规则系统，发展言语技能和语言交际能力，解决学习过程中所遇到的问题而采取的各种计划、途径、步骤、方法、技巧和调节措施。交际策略是学习者为顺利进行语言交际活动有意识采取的计划措施或方法技巧，是语言使用者交际能力的一部分。

37. 学习策略大体上分为认知学习策略和元认知策略两大类，下列属于认知学习策略的是：
   A. 计划　　　B. 评估　　　C. 实践　　　D. 检查

38. 下列属于元认知策略的是：
   A. 调节　　　B. 推理　　　C. 记忆　　　D. 求解

39. 下列属于回避一类的交际策略的是：
   A. 语义替代　　　　　　B. 简化
   C. 母语目的语化　　　　D. 体势语

第40－41题

对外汉语教学过程是根据教学计划和教学大纲的规定，教师和学生共同参与的对外汉语教学活动的过程，也是实施教学、全面完成教学任务的过程。在这一过程中，教师和学生是教学活动的两个主体。

40. 下列**不属于**对外汉语教学过程的基本阶段的是：
   A. 备课准备阶段　　　　B. 展示语言材料、机械性操练
   C. 理解阶段　　　　　　D. 归纳目的语的规则和用法

41. 下列关于对外汉语课堂教学的说法正确的是：
   A. 师生互动是课堂教学的基础
   B. 一般语言课的教学包括导入、组织教学、巩固新内容和布置作业四个环节

C. 分析教材、教学对象，确定教学方法是课堂教学的基础
D. 教师组织教学是课堂教学的重点环节

第42—47题

> 教学法流派，指在一定的理论的指导下，在教学实践中逐渐形成的、包括教学法的理论基础、教学目标、教学原则、教学内容、教学过程、教学形式、教学方法和技巧、教学手段、教师与学生的作用和评估方法等方面的教学法体系。

根据下列描述判断42至46题分别是哪一教学法类型。

42. 语言教学从口语开始，主张以听说读写技能的实际掌握为教学目的，教师多次示范新的词语或结构，让学生集体模仿；通过问答、造句等练习新句型。

43. 重视语言知识的教学，在语言规则的指导下进行实践，在理解语言形式和意义的基础上再进行模仿、练习，由分析到综合，以书面语为基础，反对听说领先。

44. 教学过程按特瓦德尔（W. F. Twaddell）的分类，主要有认知、模仿、重复、变换、选择五个阶段。主要代表人物是布龙菲尔德、弗里斯、拉多等。

45. 反对动物型的刺激—反应式学习，反对机械模仿，强调以学生为中心，听说读写齐头并进，反对有错必纠，被称为"现代语法翻译法"。

46. 强调学习的六个基本要素是安全感、注意力、进取心、记忆力、思考和辨别，比较典型地体现了人本派教学法的特点，重视学习过程中的情感因素，也称为"咨询法"。

42. _____
43. _____
44. _____
45. _____
46. _____

A. 默教法　　　　B. 全身反应法
C. 听说法　　　　D. 自觉实践法
E. 直接法　　　　F. 情景法
G. 自觉对比法　　H. 团体语言教学法
I. 认知法

47. 语法翻译法、情景法、暗示法、交际法分别属于哪一教学法流派？
A. 认知派、经验派、人本派、功能派
B. 认知派、功能派、经验派、人本派
C. 功能派、经验派、认知派、人本派
D. 功能派、经验派、认知派、功能派

第48—50题

> 测试是教育评估的主要手段，也是教学活动的主要环节之一。第二语言测试可以从多个不同角度进行分类。

48. 下列测试类型**不是**按测试的用途进行分类的是：
    A. 成绩测试 B. 诊断测试
    C. 学能测试 D. 常模测试

49. 教师经常采用的听写的方式属于哪种测试类型？
    A. 分立式测试 B. 综合性测试
    C. 交际性测试 D. 阶段性测试

50. 下列哪一项**不属于**影响测试信度的因素？
    A. 测试的题量 B. 测试的目的
    C. 试题的区分性与同质性 D. 受试者水平

第二部分　应用能力

第 51—54 题

> 在第二语言习得过程中，偏误的出现是非常正常的现象，在学习者目的语系统的形成过程中是无法避免的。作为教师，我们应该能够分析出学习者偏误的来源，以便对症下药。下面是某些以英语为第一语言的汉语学习者产生的偏误。
>
> 51. 他想结婚她。
> 52. 我决定下周回去美国。
> 53. 他不高兴了，他走了。
> 54. 群先生，你好吗？（对方叫张群）

请从 A—E 中选出上述几种情况的偏误来源，其中有一个多余选项。

51. _____
52. _____
53. _____
54. _____

A. 学习策略与交际策略
B. 文化因素负迁移
C. 母语负迁移
D. 学习环境的影响
E. 目的语知识负迁移

第 55—58 题

> 我打算去邮局寄一封信，再买五张邮票，但是，我不知道邮局在哪儿。我去问波伟，他告诉我邮局离学校不远，从学校后门出去，一直走，到第一个红绿灯那儿往右拐，马路对面就是邮局，我非常感谢他。
>
> 根据上述课文，某口语老师设计了一些教学活动：
> 55. 请把这篇课文写成对话的形式。
> 56. 米拉，请你读一下第一句话……
> 57. 学校附近有邮局吗？你知道怎么去吗？今天我们来学习怎么告诉别人去一个地方。
> 58. 两人一组，表演课文内容。

请从 A—E 中选出教学活动相对应的教学环节，每个教学环节只能选择一次，其中有一个是多余选项。

55. _____
56. _____
57. _____
58. _____

> A. 布置作业
> B. 经验导入
> C. 处理课文
> D. 朗读课文
> E. 处理语法点

第 59—62 题

> 以下材料节选自《汉语会话301句》中的一篇课文：
> A：刘京，你家有几口人？
> B：四口人，你家呢？
> A：三口人，爸爸、妈妈和我。
> B：你爸爸做什么工作？
> A：他是老师。他在大学工作。

59. 口语课上，老师设计了一个复述练习，要求学生介绍同学的家庭情况。这个练习属于哪种复述方法？
　　A. 简要复述　　　　　　　　B. 变换角度复述
　　C. 详细复述　　　　　　　　D. 创造性复述

60. 某汉语老师针对本课内容设计了一个练习：两个人一组，分别询问对方的家庭情况。这个环节属于课文教学中的哪个环节？
　　A. 呈现　　　B. 导入　　　C. 扩展　　　D. 讲解

61. 在进行交际训练中，教师要对学生进行分组练习，下列哪种分组方法最合适？
    A. 异质分组　　B. 抽签分组　　C. 就近分组　　D. 同质分组

62. 在交际活动中，有两名学生一直在下面小声地用英语说话，遇到这种情况，下面哪种处理方式最合适？
    A. 直接批评他们，说他们这样是不对的
    B. 视而不见，只要不影响课堂秩序就行
    C. 很感兴趣地听他们聊天儿，并适时加入
    D. 采取目光注视的方法提醒他们

第63－66题

> A：王明，你怎么样？伤得重不重？
> B：伤得不太重。我的胳膊被撞伤了，右腿也有点儿疼。
> A：你是怎么被撞伤的？
> B：怎么说呢？下午我和小云看电影，骑着自行车回学院。我们说着、笑着，往右拐的时候没有注意，撞到了车上。那辆车停在路边，司机正在从车上拿东西。
> A：你们是怎么到医院的？
> B：那位司机看到我被撞伤了，就马上开着车送我们到医院。
> A：那位司机真不错。

63. 在汉语综合课上，为了检查学生的语音语调是否正确，下列哪种朗读方式最合适？
    A. 齐读　　B. 分角色朗读　　C. 点读　　D. 分组齐读

64. 教师在讲解课文环节总结出下面几个句子，目的是什么？

    a. 王明_____撞伤，_____司机送去医院了。
    b. 王明和小云_____自行车_____学院。
    c. 司机_____车_____王明和小云_____医院。

    A. 复习生词　　　　　　B. 让学生熟悉课文
    C. 练习发音　　　　　　D. 操练语法点

65. 在讲解生词"注意"的时候，采用下面哪种方法最合适？
    A. 根据词素搭配　　　　B. 根据汉字发音
    C. 根据汉字部首　　　　D. 直接用学生母语翻译

66. 材料中"伤得重不重"属于哪种补语类型？
    A. 结果补语　　B. 情态补语　　C. 情状补语　　D. 补充补语

第 67—70 题

> 梅兰芳是举世闻名的戏曲艺术大师,从青年时代起,他就作为一名传播京剧艺术的使者,多次出国访问演出,使祖国绚丽多彩的京剧艺术登上了国际舞台,不仅为祖国的艺术争得了崇高荣誉,而且给世界戏剧以积极影响。

67. 某位汉语教师的导入语是这样的:"同学们,昨天我们学习了京剧,那大家喜欢京剧吗?今天的课文,是介绍一个与戏曲有关的人,看看这个人到底是谁。"这种导入方式属于下列哪类?
    A. 旧知导入　　B. 直接导入　　C. 经验导入　　D. 直观导入

68. 在快速阅读过程中,某汉语教师告诉学生第一句可以缩句成"梅兰芳是大师",这样做的目的是:
    A. 概括大意　　B. 抓关键词　　C. 推测词义　　D. 推测言外之意

69. 教师用动作指引学生说出目标句子,这种方法体现了哪一教学法的教学理念?
    A. 交际法　　B. 全身反应法　　C. 直接法　　D. 翻译法

70. 这堂课结束后,教师对自己的教学过程进行思考,对自己所做出的行为、决策以及由此产生的结果进行审视和分析,这一过程叫作:
    A. 组织教学　　B. 教学设计　　C. 教学反思　　D. 教学监控

第 71—75 题

> A:大卫,你每天都六点起床去锻炼,现在九点一刻,你怎么还不起床?
> B:我头疼,嗓子也疼。
> A:我想,你应该去医院看病。
> B:我身体没问题,我要睡觉,不想去医院。
> A:你不去看病,明天还不能上课。
> B:好吧,我去医院,现在去还是下午去?
> A:当然现在去,我跟你一起去。今天天气很冷,你要多穿一点儿衣服。
> B:好的,我们坐地铁去还是打车去?
> A:现在堵车,坐地铁去吧,比较快。
> B:好吧。

71. 本课需要重点讲解的语法点是:
    A. 一点儿+名词　　　　B. 时间表达法
    C. 副词"也"　　　　　D. 选择疑问句

72. 教师在展示和讲解语法点时，站在教室的哪个位置最合适？
    A. 在教室的前后不停地走动
    B. 站在学生中间，让学生听得更清楚
    C. 为了不妨碍学生视线，站在教室后方
    D. 为了保持学生注意力，站在教室前方

73. 教师安排了以下教学活动，其中体现"任务型教学法"理念的是：
    A. 根据对话和情景进行问答练习
    B. 教师要求学生用指定词语造句
    C. 听指令做动作
    D. 句中词语替换练习

74. 本课中出现了离合词"睡觉"。关于离合词，下列**不正确**的一项是：
    A. 离合词都可以带宾语
    B. 离合词一般不能带宾语
    C. 离合词中间可以插入动态助词和动量补语等
    D. 离合词的重叠形式是只重叠前面的动词性成分

75. 以下是一名学生回答问题后教师给予的反馈，这种反馈属于哪种方式？
    学生：喝茶你还是喝咖啡？
    教师：你喝……？请你再说一遍。
    A. 提示   B. 诱导补充   C. 自动重说   D. 请求澄清

第76－80题

> 语言测试是语言教学的四大环节之一，是语言教学活动的一个组成成分。汉语水平考试（HSK）是一项国际标准化考试，重点考查汉语非第一语言的考生在生活、学习和工作中运用汉语进行交际的能力。汉语水平口语考试（HSKK）主要考查考生的汉语口头表达能力，包括HSKK（初级）、HSKK（中级）和HSKK（高级）。

76. HSK考试属于哪类测试？
    A. 学能测试   B. 成绩测试   C. 水平测试   D. 诊断测试

77. HSK分三个部分，以下**不属于**HSK考查内容的是：
    A. 听力   B. 阅读   C. 书写   D. 口语

78. 如果教师想检测学习者在学习某一教学内容后存在什么问题，应使用哪种测试？
    A. 学能测试   B. 成绩测试   C. 水平测试   D. 诊断测试

79. 在口语测试的试卷编制过程中，一位教师编入了一道阅读理解选择题，这会影响测试的：

A. 效度   B. 信度   C. 区分度   D. 难易清晰度

80. 汉语水平考试（HSK）、英语水平考试（EPT）是按什么来划分的？

A. 评分的客观化程度   B. 用途
C. 命题的制作要求   D. 命题方法

第81-85题

课程内容		我的家
活动计划	前期准备	准备一些照片，照片上有家庭成员，再准备一些单人照片
	主题活动	教师在黑板上写汉字，并领读
		教师讲解生词意思
		学生限时认读照片中人物的名称，认读最快、错误最少的获得奖励
		让学生介绍自己的家庭成员
	③	听——在教师的指导下，能够辨别出不同的家庭成员称呼的区别
		说——在教师的指导下，说出不同家庭成员的名称
		读——在教师的指导下，试读所学的基本汉字和拼音
		写——在教师的指导下，写出所学的汉字和拼音

81. 根据课堂的基本环节，③属于：

A. 布置作业   B. 成绩测试   C. 成果评估   D. 活动小结

82. 上述教学活动适合哪种教学对象？

A. 初级成年人   B. 初级儿童   C. 中级儿童   D. 中级成年人

83. 学生在发双唇音"b、p"时总是发不准，下列哪项方法适合学生更好地掌握它们的发音方法？

A. 教师列举一些以"b、p"为声母的音节，带领学生齐读练习
B. 对比它们的发音部位的区别
C. 用吹纸条的方法进行区分
D. 找出它们发音方法的不同

84. 考虑到教学对象的特点，下面哪种排座方式比较合适？

　　A. 传统型座位　　B. U型座位　　C. 模块型座位　　D. 环形座位

85. 教师是教学活动的主体，教师语言运用是否得当也会对教学效果产生极大的影响，下列符合教师语言原则的一项是：

　　A. 刘磊是一位中学语文教师，他教学上有自己独特的一套，比如，他常常用一些只有他和学生才懂的缩略语巧妙地帮助学生学习

　　B. 丁丽萍是一名教外国留学生的汉语教师，学生们都是第一次来中国，没有接触过汉语。为了让学生听懂，她上课时故意放慢语速，只使用一些学生学过的、最简单、最常用的词汇

　　C. 王士峰生活在东北中俄边境地区，从小就会使用汉语和俄语交杂的"洋泾浜"语言

　　D. 顾楠就读于一所著名的经贸学院，毕业后到一家外企教外国人经贸知识。他的学生汉语水平都很高，因此，他可以像给中国人上课一样毫无顾忌地用汉语讲课

第 86—89 题

语言具有丰富的文化内涵，不同民族、不同国家在价值观念、心理状态、生活方式、思维方式等方面都存在着不同程度的差别，所以人们刚到一个陌生的国家，总要经历文化适应期，如果在此过程中处理不当，就会遇到很多麻烦，处理得好的话就会收获意想不到的效果。

下列各题所描述的情况分别对应文化适应的哪个阶段？请从 A—F 中做出选择，其中有两个多余选项。

86. 小明在美国已经有一段时间了。他发现他讲笑话时没人听得懂，发现好吃的也没人分享，没有朋友能够理解他。他感到很孤单、压抑，非常想回家。
87. 小明在美国生活了很长时间后，对周围的一切有了新的认识。他学会主动找朋友分享生活中有趣的事情，即使遇到不能理解的事情也能够合理地排解，每天过得开心了许多。
88. 小明刚到美国，对周围的事情都感到特别新鲜与好奇。他急于认识新环境和新朋友，想尝试新事情，整个人充满热情和自信。
89. 小明逐渐从震撼中恢复正常，开始知道如何处理周围的人与事，接受和学习美国人的行为模式并从新的角度来看事情。他感觉自己的能力在增强，自信心在慢慢恢复，学业也开始上路。

86. _____
87. _____
88. _____
89. _____

A. 适应期
B. 挫折期
C. 危机期
D. 蜜月期
E. 新奇期
F. 调整期

第 90—93 题

中国音乐是光辉灿烂的中华文化的重要组成部分，而在其中扮演重要角色的是中国传统乐器。在古代，音乐是一种绝美的享受，而制造声音，成为古人探索发现的乐趣，继而发明了各种乐器。到了现代，这些从古代流传下来的独特乐器也占有重要的地位。

90. 下列**不属于**中国古代乐器演奏方式的是：
    A. 吹   B. 按   C. 打   D. 拉

91. 下列乐器不是中国古代"四大名琴"的是：
    A. 号钟　　　B. 卢沙　　　C. 绕梁　　　D. 焦尾

92. 下列属于苗族传统乐器的是：
    A. 笙　　　　B. 笛　　　　C. 箫　　　　D. 芦笙

93. 中国民族乐器种类繁多，其中古筝琴弦的数量不一，现在国内最普及的古筝是多少根琴弦？
    A. 21　　　　B. 23　　　　C. 24　　　　D. 25

第94—96题

> 21世纪初，中国政府倡议共建"一带一路"，对中国和沿线各国的发展与交流具有深远的意义。早在汉朝时期，丝绸之路是西汉时张骞出使西域开辟的一条联结亚欧各国的陆上通道，它把中国与亚欧各国紧紧连接在一起，有力地推动了东西方文明的交流，在中国和世界文化史上都占有极为重要的地位。

94. 古代丝绸之路使当时中国的一些产品名扬海外，同时通过丝绸之路，许多外来物品也传入了中国，下列哪一项属于当时传入中国的物品？
    A. 石榴
    B. 苹果
    C. 榴莲
    D. 铁器

95. 我国古代丝绸之路的起点是：
    A. 洛阳
    B. 长安
    C. 玉门关
    D. 阳关

96. 古代丝绸之路的开辟，使得中国的许多人士能够亲身体验海外的风土人情，并以其亲身经历撰写著述，描绘海外各地风貌，其中最重要的有两部，一是南昌人汪大渊所著《岛夷志略》，另一部是周达观的：
    A.《华阳国志》
    B.《太平环宇记》
    C.《真腊风土记》
    D.《区宇图记》

第 97—100 题

> 《舌尖上的中国》作为一部探讨中国美食的纪录片，以食物为窗口，读懂中国——通过美食，使人们可以有滋有味地认知这个古老的东方国度。而中国地大物博，由于气候、地理、历史、物产及饮食风俗的不同，经过漫长历史演变形成了一整套自成体系的烹饪技艺和风味，并成为被全国各地所承认的地方菜系。这些菜系的代表菜分别有：（97）夫妻肺片、（98）咕咾肉、（99）剁椒鱼头、（100）佛跳墙。

以上代表菜分别属于哪个菜系？请在 A—F 中进行选择，其中有三个多余选项。

97. _____
98. _____
99. _____
100. _____

A. 湘菜
B. 徽菜
C. 川菜
D. 鲁菜
E. 粤菜
F. 闽菜
G. 苏菜

第三部分 综合素质

本部分为情境判断题,共50题。

第101—135题,每组题目由情境及随后的若干条与情境相关的陈述构成。每条陈述都是对情境的一种反应,包括行为、判断、观点或感受等。请先阅读情境,然后根据你对情境的理解,判断你对每条陈述的认同程度,并在答题卡上填涂相应的字母,每个字母代表不同的认同程度。说明如下:

A	B	C	D	E
非常不认同	比较不认同	不确定	比较认同	非常认同

例题:

> 杨老师刚到悉尼的一家孔子学院工作,她的学生都是六七岁的小朋友。在同事的帮助和指导下,杨老师备好了前几堂课。第一次课的内容是向学生们介绍中国的国旗、国徽和国歌。当她在课上播放完《义勇军进行曲》之后,小朋友们都觉得这首歌非常"cool"和"powerful",要求杨老师教他们唱,这让杨老师十分意外。

面对这种情况,如果你是杨老师,请你给出对下列陈述的认同程度:

1. 答应学生的要求会打乱自己的教学安排,而且作为新老师,开展事先没有准备的教学活动可能会力不从心。
2. 难得学生表现出了对课堂内容的强烈兴趣,应满足他们的要求,并利用这个机会,更深入地介绍中国的国旗、国徽和国歌。
3. 告诉学生之后的课会安排教唱中国国歌,课后向有经验的同事或领导请教,听取他们的建议。
4. 给学生发放音频资料,让学生利用课余时间自行学习,这样既不打乱教学安排,又能满足他们的要求。

作答示例:若你对第1题的陈述比较不认同,则选择B;若对第2题的陈述比较认同,则选择D;若对第3题的陈述非常不认同,则选择A;若对第4题陈述的认同程度介于"比较不认同"和"比较认同"之间,则选择C。各题之间互不影响。

第 101－105 题

> 李老师在泰国的一家孔子学院任教。他的班上有一位女生成绩不太好，反应比较慢，理解能力也不强，但是上课很爱提问，有时还会边提问边抱怨，其他同学在她提问时表现出很不满，这让李老师有点儿不知所措。

面对这种情况，如果你是李老师，请你给出对下列陈述的认同程度：

101. 课后找这名学生谈话，请她上课先认真听讲，把课上遇到的问题记下来，下课后再问老师。
102. 上课前强调课堂纪律，课上认真听讲做笔记，下课前统一为学生答疑解惑。
103. 鼓励学生多思考、多发现问题，遇到问题及时向老师或同学寻求帮助并解决。
104. 向经验丰富的教师请教，借鉴其他教师的处理经验。
105. 课堂不能因为少数人的问题而中断，询问其他同学有无相同问题，如果人数少就暂不解答，课后再说。

第 106－110 题

> 王老师在国内某一国际学院任教，班上有一名留学生已经连续三次没有来上语法课了。王老师打电话问原因，学生解释说生病了，但是王老师不太相信，又不知道该怎么办。

面对这种情况，如果你是王老师，请你给出对下列陈述的认同程度：

106. 问班上的其他任课老师或同学，该学生其他的课有没有出勤，查清楚那名学生是不是因为对自己的课不满意才不来上课。
107. 学生称病可能是为不上课找的借口，去宿舍找学生谈一谈，找到原因。
108. 学生下一次来上课的时候，在班上再次强调学校规定和课堂纪律，并对该学生的缺勤行为提出批评，以此告诫其他学生。
109. 告诉学校留学生办公室工作人员，让他们处理该情况。
110. 再次打电话告诉学生必须来上课，否则会影响成绩。

第 111—113 题

> 赵老师在国内某一国际学院教授汉语初级听力课，最近发现课上多名学生玩儿手机，有的学生是用手机查生词、拍课件，有的学生却是在浏览网页、上网聊天儿，还有的学生在偷偷玩儿游戏。

面对这种情况，如果你是赵老师，请你给出对下列陈述的认同程度：

111. 上课之前准备一个箱子，让带手机的同学主动将手机放进去，下课后再给学生，课后把学生需要的资料发给学生。

112. 明确禁止学生上课用手机，让学生准备笔记本，把需要查询、不懂的问题记录下来，课后问老师或同学，或自己上网查询。

113. 允许学生带手机，但是一旦发现学生用手机做与学习无关的事情就没收，课后再归还学生。

第 114—117 题

> 方老师是一名赴泰志愿者教师，下面是关于她的一段采访记录："在教学上，最大的障碍就是语言的问题，没法儿跟学生沟通。虽然说这边的学生普遍对老师都是很尊重的，但是显然，他们会更怕本地的老师。刚开始的时候，学生会很耐心地教你说泰语，也会很认真很听话地按你说的做。等过了那个新鲜期，叫他们打扫卫生都开始推脱，不干。然后，只要本地老师一个眼神，他们立马会乖乖的，让我哭笑不得。"

面对这种情况，如果你是方老师，请你给出对下列陈述的认同程度：

114. 自己是一名志愿者老师，本来就与当地学生有距离感，所以不该过于严苛，应该努力跟学生搞好关系。

115. 自己同学生一起加入打扫卫生行动中，通过一起劳动增进师生之间的友谊，拉近与学生的关系。

116. 适当给予表现好的学生一些奖励，以此激励学生表现得更好。

117. 从一开始就该严格要求学生，以此树立威严和威信，也方便日后的管理和教学。

第 118—120 题

> 张老师是美国一所高校孔子学院的任教老师，为人开朗幽默，善于用游戏法进行教学，为此张老师做了精心准备，课上开展角色扮演游戏，但是个别同学却不愿意配合，表现出没有丝毫兴趣。

面对这种情况，如果你是张老师，请你给出对下列陈述的认同程度：

118. 每个人都有自己的兴趣和个性，我们不能要求每个人都接受一件事情。
119. 尊重学生的选择，让其他学生参与游戏。
120. 问明原因，让学生选择自己喜欢的角色，尽可能让这些学生参与到游戏中去。

第 121—125 题

> 田老师是国内某一高校国际交流学院初级班汉语教师，班上的学生来自母语是英语和非英语的国家，但是田老师只懂英语。课上讲解词语时，田老师偶尔会用英语进行翻译和讲解，这引起了母语非英语国家同学的很大不满，个别母语为英语的学生也表现出不满。

面对这种情况，如果你是田老师，请你给出对下列陈述的认同程度：

121. 学生来自世界各地，有着不同的语言，而老师不可能掌握每个国家的语言，只能尽可能用通行语英语辅助教学。
122. 学生来中国就是为了学习汉语的，教师应避免使用英语教学，这对每个学生都很公平。
123. 向学生解释，有时用英语进行翻译和讲解有助于学生理解和记忆该词语。
124. 为了更好地教授汉语，教师应尽可能提升自己的外语水平，掌握多门语言。
125. 考虑到大多数学生的需求，可以减少使用英语翻译，但不应该放弃使用英语辅助教学。

第 126—130 题

> 陈老师是一名赴泰国的志愿者教师，他在回忆录中谈到：刚到那里的时候，没有几个本土老师愿意跟你交流，因为他们大多数不会汉语，只有几个年轻的教师比较热情，刚到那里人生地不熟，如果不积极主动，就会走很多弯路。

面对这种情况，如果你是陈老师，请你给出对下列陈述的认同程度：

126. 积极主动与同事们搞好关系，尤其是年轻的本土教师，多向本土教师请教。

127. 自己的事情尽量自己解决，不要总去麻烦别人。
128. 与学生搞好关系，师生互帮互助也是一种很好的解决问题的方式。
129. 作为中国教师的代表，必须时刻注意维护中国教师的形象，树立自己的威信。
130. 积极融入到泰国文化中去，并且不忘展现中国传统文化的魅力，通过中泰文化交流增进中泰友谊。

第131—135题

> 陆老师是国内某高校国际交流学院一名年轻的汉语老师。他的班上有一名女生很聪明，以前学习很努力，但是最近上课总是迟到，学习成绩明显下降。陆老师找这名女生谈话后知道该女生跟别的班的同学谈恋爱了，所以在感情问题上花费了过多的时间。陆老师一时不知道该怎么办才好。

面对这种情况，如果你是陆老师，请你给出对下列陈述的认同程度：

131. 学生的当前任务主要是学习，她还年轻，不应该在感情上花费太多时间。
132. 留学生在国外不容易，有份情感上的依托有助于更好地适应国外生活，不至于感觉太孤独。
133. 告诉学生，学校不允许谈恋爱，现在谈恋爱没有任何意义，还会影响学习。
134. 找男生班的班主任老师，一起商量一下对策，从双方入手解决情感问题。
135. 和两个同学一起谈谈，引导他们在学习上互相督促、互相帮助，共同进步。

第136—150题，每题由一个情境和四个与情境相关的陈述构成，每个陈述都是对这个情境的一种反应，包括行为、判断、观点或感受等。请先阅读情境，再根据你对情境的理解，从ABCD四个陈述中选出你认为在此情境下最为合适的反应。

例题：

> 李敏在日本一所学校教汉语，刚到日本时，她选择与一位日本同事合租公寓。日本对垃圾分类有严格的要求，虽然李敏很注意垃圾的分类，但由于之前并没有这方面的经验，所以还是经常弄错，甚至导致邻居投诉，室友也多次因此事指责她，言语之间甚至认为李敏没有素质。

根据上述情境，如果你是李敏，请你给出最为合适的选择：

A. 无须多解释，自己努力学习如何处理垃圾，在不与室友和邻居发生冲突的情况下解决问题。

B. 主动向室友和邻居道歉，说明原委，并向室友寻求帮助，向她学习垃圾分类的方法。

C. 鉴于和室友以及邻居目前的关系不太好，还是尽快找中国同事合住，以便度过适应期。

D. 被室友和邻居误解太没面子了，须尽快从中国同事那里学习垃圾分类的技巧。

答案：B

第136题

> 马老师在国内一所高校任教，班上都是成年初级汉语预科生。以前班上大部分学生非常认真，个别学生不写作业，但学习成绩一直很好，不过最近班上按时完成作业的学生越来越少，马老师一时不知该如何是好。

根据上述情境，如果你是马老师，请你给出最为合适的选择：
A. 适当调整、变换作业的形式，强调作业的重要性，严格要求学生必须按时完成。
B. 对按时完成作业、作业质量好的同学给予表扬和鼓励，对没有完成作业的学生给予适当批评和惩罚。
C. 调查学生没有及时完成作业的原因，对症下药。
D. 告诉学生，作业的完成情况会按比例计入最后的考试成绩，督促学生完成作业。

第137题

> 高老师是国内一所汉语学校进修班的班主任。高老师为人亲切，而且很幽默。他的课很有意思，所以很多学生喜欢上他的课。班上有一名学生每次都会早早来到他的课上，但是其他老师的课，不是迟到就是旷课。其他课的老师把这一情况反馈给了高老师。

根据上述情境，如果你是高老师，请你给出最为合适的选择：
A. 找该学生谈话，强调上好每一节课的重要性。
B. 同其他老师一起探讨教学，以更好地迎合学生们的学习心理和学习模式。
C. 在班上强调各类型课程的重要性，要综合提升听说读写技能，从而整体提升汉语水平。
D. 询问其他班上是否也有这种情况，向其他班班主任老师请教。

第 138 题

> 丁老师是意大利罗马一所学校成人中级业余班的汉语老师。他最近发现以前安静的课堂变得熙熙攘攘，课堂纪律不是很好，同时也注意到，之所以这样是因为关系好的同学坐在一起，形成了一个个"小团体"。这样一来，老师的注意力也容易被他们吸引，不能很好地兼顾，所以丁老师想给他们换座位，但是又有很多顾虑。

根据上述情境，如果你是丁老师，请你给出最为合适的选择：

A. 开学已经很久了，而且他们已彼此熟悉，现在换座位把他们分开，似乎有些"不尽人情"。

B. 他们已经彼此熟悉了，上课不在一起也不会影响他们的感情。

C. 每隔一段时间就调换一次座位，让他们习惯并接受这种形式。

D. 换座位可以让他们更多地了解班上的其他同学，有助于他们增进友谊，互相帮助、互相学习。

第 139 题

> 夏老师是一位年轻的对外汉语教师，与学生的关系很融洽。班上有一名男生经常直接说喜欢她，还经常送她礼物，甚至有时候还抱住她，感觉很亲密。虽然夏老师性格比较开朗，但有时也觉得不妥，尤其是恰好碰到同事的时候，感觉很尴尬。

根据上述情境，如果你是夏老师，请你给出最为合适的选择：

A. 学生对老师很欣赏，更能说明老师深受学生欢迎，应该以此为荣。

B. 这可能是他们国家的人的待人方式，表示热情，没什么异常，习惯就好。

C. 学生可能对老师有爱慕之感，应旁敲侧击消除学生的这种异常的"爱慕之情"。

D. 有意回避一下，让学生"知难而退"，但不能伤了师生感情。

第 140 题

> 苏雅是一名赴韩国的中文志愿者教师,下面是她向朋友诉苦的一段话:班上是一名本土教师和一名志愿者教师合作教学,但是两人合作很不愉快,本土教师总是占据大部分的讲课时间,还经常向领导打小报告说应该给她更多的上课时间,明明我的课堂更受学生欢迎,可是她却总是自以为是,真是受不了,感觉好没意思。

根据上述情境,如果你是苏雅,请你给出最为合适的选择:

A. 直接找领导,说明事情的真相,不能一忍再忍。

B. 找个时间约搭档老师一起谈谈,共同做好班级教学安排工作。

C. 让学生评价一下老师的教学,从而知道各自需要改进的地方,让搭档老师自己认识到不足。

D. 询问同去或有外派经验的志愿者教师,借鉴经验。

第 141 题

> 罗老师是挪威一所高中学校的汉语进修班老师。他的班上有一名学生总是很安静,看上去很认真,但是学习成绩一般,有时还迟到、不来上课。通过谈话罗老师知道,这个学生觉得老师对他的关注不够,上课很少提问他。但是罗老师提问他的时候,他总是慢吞吞的,还回答不好。有时罗老师也是怕他不愿意回答或回答不上来感到尴尬,所以叫他回答时尽量避开难题。

根据上述情境,如果你是罗老师,请你给出最为合适的选择:

A. 安静内向的学生只是不善于表达,并不代表他不愿意回答或不会回答,不能过于主观。

B. 经常叫他回答简单问题,以此鼓励他,让他重拾对学习的信心、对老师的信任。

C. 告诉他,班上有很多学生,不可能多次提问到每个学生,但是会尽量兼顾每个学生,争取最大的公平,希望他能理解。

D. 学习是自己的事情,老师只是帮助他学习的人,关键还是要靠自己的努力。

第 142 题

> 周老师是海外一所孔子学院的大学初级汉语老师,有一天上课的时候,班上的一名同学不知什么缘故气愤地说了几句英语,然后就气冲冲地走出了教室。周老师和学生们一脸茫然,本来不太安静的课堂顿时静了下来,气氛很是尴尬,随后几名同学就开始用当地的语言小声议论起来。

根据上述情境,如果你是周老师,请你给出最为合适的选择:

A. 现在是课上,不能因为他一个人而放弃整个课堂,整顿好纪律继续上课。

B. 那名学生在这种情况下情绪很冲动,说不定会出现什么意外,应立即将其寻回,下课后询问原因。

C. 立即打电话给保安人员或办公室的其他老师,注意该学生的一切不正常举动。

D. 询问班上的其他同学是否知道他发生了什么事情。

第 143 题

> 吕老师是国内一所大学初级汉语预科班的老师。一次月底考试,班上有个同学唯一一次考试不及格,而且仅差一分,为此他非常沮丧,整个课堂情绪都不好,上课也不认真听讲。下了第一节课后他对老师说,明天是他的生日,问老师可不可以把"那一分"当作是他的生日礼物。

根据上述情境,如果你是吕老师,请你给出最为合适的选择:

A. 为了后边几堂课他能稳定情绪、认真听讲,也当作是一次鼓励,答应他的请求,告诉他仅此一次。

B. 他平时很努力,这又是唯一一次,仅仅一分而已,明天又是他的生日,就当卖个人情给他。

C. 不及格就是不及格,改了也不是自己的,随便改分数会让其他学生觉得不公平。

D. 可以鼓励安慰他,好好儿努力,争取下次考好,但是分数不能改。

第 144 题

> 董老师是意大利一所孔子学院成人商务汉语班的老师。一次课上,有一名男生跟董老师起了冲突,原因是董老师要拖堂几分钟,耽误了他跟朋友约好一起去吃饭的时间。而班上其他同学却没有明显异常反应。

根据上述情境,如果你是董老师,请你给出最为合适的选择:

A. 向他道歉,也向全班同学道歉,真心承认是自己备课不充分,耽误了大家下课,马上下课。

B. 多学几分钟是好事情,学习比吃饭更重要。

C. 赞扬该学生是一个守时守信的人,鼓励大家向他学习。

D. 允许他先走,大部分学生还是愿意学习的,然后继续把剩下的一点儿内容讲完。

第 145 题

> 秦老师是一名赴挪威的外派中文教师,虽然出国前接受了关于文化差异的培训,但是关于"入乡随俗"这件事,他仍不是特别认同,尤其是到了国外之后。首先是饮食上,当地人的午餐很简单,食堂也不供应午餐,同事们每天中午都聚在一起吃自带的简单午餐,这让秦老师很不习惯。

根据上述情境,如果你是秦老师,请你给出最为合适的选择:

A. "入乡随俗"能很好地体现来自礼仪之邦人士的素质修养,为了祖国的荣光,自己做出点儿牺牲没什么。

B. 每个人都有自己的习惯,坚持自己的习惯没有错,没有必要保持一致。

C. 如果不能和同事们打成一片,恐怕日后不好相处。

D. 各国都有自己的传统文化,世界正因为多姿而多彩,没有必要趋同,做好自己就好。

第 146 题

> 吴老师是大学中级国际班的汉语老师。课上有一名学生偶尔会发出搞怪的声音,引得别的同学哈哈大笑,而他自己也笑得很开心。前两次吴老师觉得他可能是开玩笑,但是次数多了,吴老师觉得有点儿厌烦。

根据上述情境,如果你是吴老师,请你给出最为合适的选择:

A. 可能是上课时间久了,偶尔放松一下也是可以理解的,能给大家带来快乐,也未尝不是一件好事,无须大惊小怪,顺其自然就好。

B. 他可能对课上讲的内容不理解,或是有什么别的想法,及时询问。

C. 影响其他学生认真听讲，影响自己正常上课，不该纵容。

D. 简单问一下什么情况，以示提醒，让他认真听讲。

第 147 题

> 白老师是一名年轻的汉语教师，第一次上课时发现黑板上写了一句对她很不恭敬的话："白老师是一个坏……"下边的学生有的若无其事，有的显得有些害怕，有的在小声议论，转眼，大家的目光都集中到了白老师的身上。

根据上述情境，如果你是白老师，请你给出最为合适的选择：

A. 他们搞这样的恶作剧，就是为了试探我的脾气，我就将计就计，给他们一个下马威。

B. 对新老师难免有距离感，他们不可能真的有敌意，无须考虑太多，擦了继续上课。

C. 就此话题展开一个小的交流会，借此机会向学生介绍自己，让学生们也相互介绍，拉近彼此的距离。

D. 越是在这样的情况下，越能考验教师的基本素养，要顶得住压力，幽默一下，一笑泯恩仇。

第 148 题

> 贾老师是一名赴新西兰的中文志愿者教师。他的班上有几名学生特别聪明，学习也特别认真，因此很受老师们的关注，然而别的学生感觉受到了冷落，每当老师提问这几名学生时，别的学生就投来异样的眼光和不屑的表情，让人心里很不舒服。

根据上述情境，如果你是贾老师，请你给出最为合适的选择：

A. 他们是典型的嫉妒心理，不用理会，以鼓励他们自我努力。

B. 先提问别的同学，然后再提问这几名同学，以此让他们感到差距。

C. 平时多跟班上同学交流，多表扬，少批评，让他们多一点儿自信。

D. 要保持一颗公平的心，不能偏向某些学生。

第 149 题

> 宋老师是国内一所国际学校的年轻中文教师,班上的学生来自世界各地,其中有个同学由于历史民族问题跟别的班的同学发生了冲突,甚至大打出手,不仅伤了身体,也影响了学习,更造成了不良影响。

根据上述情境,如果你是宋老师,请你给出最为合适的选择:
A. 把两个同学叫到一起,进行严厉批评,让他们相互道歉。
B. 先分别找两个同学谈话,然后把他们叫到一起谈话,握手言和。
C. 历史民族问题一时很难解决,越掺和越乱,没什么大问题就顺其自然。
D. 这是在中国,不管有什么民族矛盾,都要守规矩,遵守学校的规定。

第 150 题

> 林老师是法国一所高校的中文教师,临近中国的春节,他想举办一场中国文化展,让学生们更多地体验中国的传统新年,然而又有很多顾虑。

根据上述情境,如果你是林老师,请你给出最为合适的选择:
A. 毕竟不是在中国,在异国大搞中国节日习俗,有文化侵略之嫌,还是放弃吧。
B. 向学校提出申请,争得学校领导同意后才可以举办。
C. 征求学生的意见,如果学生们积极响应,就尽可能举办。
D. 文化展尽可能体现中法文化共融,以促进中法两国友好。

《国际中文教师证书》考试仿真预测试卷答题卡

姓　　名	
中文姓名	

考点代码	[0] [1] [2] [3] [4] [5] [6] [7] [8] [9]
	[0] [1] [2] [3] [4] [5] [6] [7] [8] [9]
	[0] [1] [2] [3] [4] [5] [6] [7] [8] [9]
	[0] [1] [2] [3] [4] [5] [6] [7] [8] [9]
	[0] [1] [2] [3] [4] [5] [6] [7] [8] [9]
	[0] [1] [2] [3] [4] [5] [6] [7] [8] [9]
	[0] [1] [2] [3] [4] [5] [6] [7] [8] [9]
国籍	中国
	[0] [1] [2] [3] [4] [5] [6] [7] [8] [9]
	[0] [1] [2] [3] [4] [5] [6] [7] [8] [9]
	[0] [1] [2] [3] [4] [5] [6] [7] [8] [9]
性别	男[1]　　女[2]
年龄	[0] [1] [2] [3] [4] [5] [6] [7] [8] [9]
	[0] [1] [2] [3] [4] [5] [6] [7] [8] [9]

序号	[0] [1] [2] [3] [4] [5] [6] [7] [8] [9]
	[0] [1] [2] [3] [4] [5] [6] [7] [8] [9]
	[0] [1] [2] [3] [4] [5] [6] [7] [8] [9]
	[0] [1] [2] [3] [4] [5] [6] [7] [8] [9]
	[0] [1] [2] [3] [4] [5] [6] [7] [8] [9]

注意　请用2B铅笔这样写：■

1. [A] [B] [C] [D] [E] [F] [G]　　6. [A] [B] [C] [D] [E] [F] [G]　　11. [A] [B] [C] [D] [E] [F] [G]
2. [A] [B] [C] [D] [E] [F] [G]　　7. [A] [B] [C] [D] [E] [F] [G]　　12. [A] [B] [C] [D] [E] [F] [G]
3. [A] [B] [C] [D] [E] [F] [G]　　8. [A] [B] [C] [D] [E] [F] [G]　　13. [A] [B] [C] [D] [E] [F] [G]
4. [A] [B] [C] [D] [E] [F] [G]　　9. [A] [B] [C] [D] [E] [F] [G]　　14. [A] [B] [C] [D] [E] [F] [G]
5. [A] [B] [C] [D] [E] [F] [G]　　10. [A] [B] [C] [D] [E] [F] [G]　　15. [A] [B] [C] [D] [E] [F] [G]

16. [A] [B] [C] [D] [E] [F] [G]　　21. [A] [B] [C] [D] [E] [F] [G]　　26. [A] [B] [C] [D] [E] [F] [G]
17. [A] [B] [C] [D] [E] [F] [G]　　22. [A] [B] [C] [D] [E] [F] [G]　　27. [A] [B] [C] [D] [E] [F] [G]
18. [A] [B] [C] [D] [E] [F] [G]　　23. [A] [B] [C] [D] [E] [F] [G]　　28. [A] [B] [C] [D] [E] [F] [G]
19. [A] [B] [C] [D] [E] [F] [G]　　24. [A] [B] [C] [D] [E] [F] [G]　　29. [A] [B] [C] [D] [E] [F] [G]
20. [A] [B] [C] [D] [E] [F] [G]　　25. [A] [B] [C] [D] [E] [F] [G]　　30. [A] [B] [C] [D] [E] [F] [G]

31. [A] [B] [C] [D] [E] [F] [G]　　36. [A] [B] [C] [D] [E] [F] [G]　　41. [A] [B] [C] [D] [E] [F] [G]
32. [A] [B] [C] [D] [E] [F] [G]　　37. [A] [B] [C] [D] [E] [F] [G]　　42. [A] [B] [C] [D] [E] [F] [G]
33. [A] [B] [C] [D] [E] [F] [G]　　38. [A] [B] [C] [D] [E] [F] [G]　　43. [A] [B] [C] [D] [E] [F] [G]
34. [A] [B] [C] [D] [E] [F] [G]　　39. [A] [B] [C] [D] [E] [F] [G]　　44. [A] [B] [C] [D] [E] [F] [G]
35. [A] [B] [C] [D] [E] [F] [G]　　40. [A] [B] [C] [D] [E] [F] [G]　　45. [A] [B] [C] [D] [E] [F] [G]

46. [A] [B] [C] [D] [E] [F] [G]　　51. [A] [B] [C] [D] [E] [F] [G]　　56. [A] [B] [C] [D] [E] [F] [G]
47. [A] [B] [C] [D] [E] [F] [G]　　52. [A] [B] [C] [D] [E] [F] [G]　　57. [A] [B] [C] [D] [E] [F] [G]
48. [A] [B] [C] [D] [E] [F] [G]　　53. [A] [B] [C] [D] [E] [F] [G]　　58. [A] [B] [C] [D] [E] [F] [G]
49. [A] [B] [C] [D] [E] [F] [G]　　54. [A] [B] [C] [D] [E] [F] [G]　　59. [A] [B] [C] [D] [E] [F] [G]
50. [A] [B] [C] [D] [E] [F] [G]　　55. [A] [B] [C] [D] [E] [F] [G]　　60. [A] [B] [C] [D] [E] [F] [G]

说明：
1. 本卡为模拟机读卡，仅作为考生填涂练习及方便模拟考试阅卷之用，不可机读。
2. 卡中所列项目及格式与真实考试答题卡略有不同。

61. [A] [B] [C] [D] [E] [F] [G]	66. [A] [B] [C] [D] [E] [F] [G]	71. [A] [B] [C] [D] [E] [F] [G]
62. [A] [B] [C] [D] [E] [F] [G]	67. [A] [B] [C] [D] [E] [F] [G]	72. [A] [B] [C] [D] [E] [F] [G]
63. [A] [B] [C] [D] [E] [F] [G]	68. [A] [B] [C] [D] [E] [F] [G]	73. [A] [B] [C] [D] [E] [F] [G]
64. [A] [B] [C] [D] [E] [F] [G]	69. [A] [B] [C] [D] [E] [F] [G]	74. [A] [B] [C] [D] [E] [F] [G]
65. [A] [B] [C] [D] [E] [F] [G]	70. [A] [B] [C] [D] [E] [F] [G]	75. [A] [B] [C] [D] [E] [F] [G]
76. [A] [B] [C] [D] [E] [F] [G]	81. [A] [B] [C] [D] [E] [F] [G]	86. [A] [B] [C] [D] [E] [F] [G]
77. [A] [B] [C] [D] [E] [F] [G]	82. [A] [B] [C] [D] [E] [F] [G]	87. [A] [B] [C] [D] [E] [F] [G]
78. [A] [B] [C] [D] [E] [F] [G]	83. [A] [B] [C] [D] [E] [F] [G]	88. [A] [B] [C] [D] [E] [F] [G]
79. [A] [B] [C] [D] [E] [F] [G]	84. [A] [B] [C] [D] [E] [F] [G]	89. [A] [B] [C] [D] [E] [F] [G]
80. [A] [B] [C] [D] [E] [F] [G]	85. [A] [B] [C] [D] [E] [F] [G]	90. [A] [B] [C] [D] [E] [F] [G]
91. [A] [B] [C] [D] [E] [F] [G]	96. [A] [B] [C] [D] [E] [F] [G]	101. [A] [B] [C] [D] [E] [F] [G]
92. [A] [B] [C] [D] [E] [F] [G]	97. [A] [B] [C] [D] [E] [F] [G]	102. [A] [B] [C] [D] [E] [F] [G]
93. [A] [B] [C] [D] [E] [F] [G]	98. [A] [B] [C] [D] [E] [F] [G]	103. [A] [B] [C] [D] [E] [F] [G]
94. [A] [B] [C] [D] [E] [F] [G]	99. [A] [B] [C] [D] [E] [F] [G]	104. [A] [B] [C] [D] [E] [F] [G]
95. [A] [B] [C] [D] [E] [F] [G]	100. [A] [B] [C] [D] [E] [F] [G]	105. [A] [B] [C] [D] [E] [F] [G]
106. [A] [B] [C] [D] [E] [F] [G]	111. [A] [B] [C] [D] [E] [F] [G]	116. [A] [B] [C] [D] [E] [F] [G]
107. [A] [B] [C] [D] [E] [F] [G]	112. [A] [B] [C] [D] [E] [F] [G]	117. [A] [B] [C] [D] [E] [F] [G]
108. [A] [B] [C] [D] [E] [F] [G]	113. [A] [B] [C] [D] [E] [F] [G]	118. [A] [B] [C] [D] [E] [F] [G]
109. [A] [B] [C] [D] [E] [F] [G]	114. [A] [B] [C] [D] [E] [F] [G]	119. [A] [B] [C] [D] [E] [F] [G]
110. [A] [B] [C] [D] [E] [F] [G]	115. [A] [B] [C] [D] [E] [F] [G]	120. [A] [B] [C] [D] [E] [F] [G]
121. [A] [B] [C] [D] [E] [F] [G]	126. [A] [B] [C] [D] [E] [F] [G]	131. [A] [B] [C] [D] [E] [F] [G]
122. [A] [B] [C] [D] [E] [F] [G]	127. [A] [B] [C] [D] [E] [F] [G]	132. [A] [B] [C] [D] [E] [F] [G]
123. [A] [B] [C] [D] [E] [F] [G]	128. [A] [B] [C] [D] [E] [F] [G]	133. [A] [B] [C] [D] [E] [F] [G]
124. [A] [B] [C] [D] [E] [F] [G]	129. [A] [B] [C] [D] [E] [F] [G]	134. [A] [B] [C] [D] [E] [F] [G]
125. [A] [B] [C] [D] [E] [F] [G]	130. [A] [B] [C] [D] [E] [F] [G]	135. [A] [B] [C] [D] [E] [F] [G]
136. [A] [B] [C] [D] [E] [F] [G]	141. [A] [B] [C] [D] [E] [F] [G]	146. [A] [B] [C] [D] [E] [F] [G]
137. [A] [B] [C] [D] [E] [F] [G]	142. [A] [B] [C] [D] [E] [F] [G]	147. [A] [B] [C] [D] [E] [F] [G]
138. [A] [B] [C] [D] [E] [F] [G]	143. [A] [B] [C] [D] [E] [F] [G]	148. [A] [B] [C] [D] [E] [F] [G]
139. [A] [B] [C] [D] [E] [F] [G]	144. [A] [B] [C] [D] [E] [F] [G]	149. [A] [B] [C] [D] [E] [F] [G]
140. [A] [B] [C] [D] [E] [F] [G]	145. [A] [B] [C] [D] [E] [F] [G]	150. [A] [B] [C] [D] [E] [F] [G]

《国际中文教师证书》考试仿真预测试卷答题卡

姓　名	
中文姓名	

考点代码	[0] [1] [2] [3] [4] [5] [6] [7] [8] [9]
	[0] [1] [2] [3] [4] [5] [6] [7] [8] [9]
	[0] [1] [2] [3] [4] [5] [6] [7] [8] [9]
	[0] [1] [2] [3] [4] [5] [6] [7] [8] [9]
	[0] [1] [2] [3] [4] [5] [6] [7] [8] [9]
	[0] [1] [2] [3] [4] [5] [6] [7] [8] [9]
	[0] [1] [2] [3] [4] [5] [6] [7] [8] [9]

序号	[0] [1] [2] [3] [4] [5] [6] [7] [8] [9]
	[0] [1] [2] [3] [4] [5] [6] [7] [8] [9]
	[0] [1] [2] [3] [4] [5] [6] [7] [8] [9]
	[0] [1] [2] [3] [4] [5] [6] [7] [8] [9]
	[0] [1] [2] [3] [4] [5] [6] [7] [8] [9]

国籍	中国
	[0] [1] [2] [3] [4] [5] [6] [7] [8] [9]
	[0] [1] [2] [3] [4] [5] [6] [7] [8] [9]
	[0] [1] [2] [3] [4] [5] [6] [7] [8] [9]

性别	男[1]　女[2]
年龄	[0] [1] [2] [3] [4] [5] [6] [7] [8] [9]
	[0] [1] [2] [3] [4] [5] [6] [7] [8] [9]

注意　请用2B铅笔这样写：■

1. [A] [B] [C] [D] [E] [F] [G]　　6. [A] [B] [C] [D] [E] [F] [G]　　11. [A] [B] [C] [D] [E] [F] [G]
2. [A] [B] [C] [D] [E] [F] [G]　　7. [A] [B] [C] [D] [E] [F] [G]　　12. [A] [B] [C] [D] [E] [F] [G]
3. [A] [B] [C] [D] [E] [F] [G]　　8. [A] [B] [C] [D] [E] [F] [G]　　13. [A] [B] [C] [D] [E] [F] [G]
4. [A] [B] [C] [D] [E] [F] [G]　　9. [A] [B] [C] [D] [E] [F] [G]　　14. [A] [B] [C] [D] [E] [F] [G]
5. [A] [B] [C] [D] [E] [F] [G]　　10. [A] [B] [C] [D] [E] [F] [G]　　15. [A] [B] [C] [D] [E] [F] [G]

16. [A] [B] [C] [D] [E] [F] [G]　　21. [A] [B] [C] [D] [E] [F] [G]　　26. [A] [B] [C] [D] [E] [F] [G]
17. [A] [B] [C] [D] [E] [F] [G]　　22. [A] [B] [C] [D] [E] [F] [G]　　27. [A] [B] [C] [D] [E] [F] [G]
18. [A] [B] [C] [D] [E] [F] [G]　　23. [A] [B] [C] [D] [E] [F] [G]　　28. [A] [B] [C] [D] [E] [F] [G]
19. [A] [B] [C] [D] [E] [F] [G]　　24. [A] [B] [C] [D] [E] [F] [G]　　29. [A] [B] [C] [D] [E] [F] [G]
20. [A] [B] [C] [D] [E] [F] [G]　　25. [A] [B] [C] [D] [E] [F] [G]　　30. [A] [B] [C] [D] [E] [F] [G]

31. [A] [B] [C] [D] [E] [F] [G]　　36. [A] [B] [C] [D] [E] [F] [G]　　41. [A] [B] [C] [D] [E] [F] [G]
32. [A] [B] [C] [D] [E] [F] [G]　　37. [A] [B] [C] [D] [E] [F] [G]　　42. [A] [B] [C] [D] [E] [F] [G]
33. [A] [B] [C] [D] [E] [F] [G]　　38. [A] [B] [C] [D] [E] [F] [G]　　43. [A] [B] [C] [D] [E] [F] [G]
34. [A] [B] [C] [D] [E] [F] [G]　　39. [A] [B] [C] [D] [E] [F] [G]　　44. [A] [B] [C] [D] [E] [F] [G]
35. [A] [B] [C] [D] [E] [F] [G]　　40. [A] [B] [C] [D] [E] [F] [G]　　45. [A] [B] [C] [D] [E] [F] [G]

46. [A] [B] [C] [D] [E] [F] [G]　　51. [A] [B] [C] [D] [E] [F] [G]　　56. [A] [B] [C] [D] [E] [F] [G]
47. [A] [B] [C] [D] [E] [F] [G]　　52. [A] [B] [C] [D] [E] [F] [G]　　57. [A] [B] [C] [D] [E] [F] [G]
48. [A] [B] [C] [D] [E] [F] [G]　　53. [A] [B] [C] [D] [E] [F] [G]　　58. [A] [B] [C] [D] [E] [F] [G]
49. [A] [B] [C] [D] [E] [F] [G]　　54. [A] [B] [C] [D] [E] [F] [G]　　59. [A] [B] [C] [D] [E] [F] [G]
50. [A] [B] [C] [D] [E] [F] [G]　　55. [A] [B] [C] [D] [E] [F] [G]　　60. [A] [B] [C] [D] [E] [F] [G]

说明：
1. 本卡为模拟机读卡，仅作为考生填涂练习及方便模拟考试阅卷之用，不可机读。
2. 卡中所列项目及格式与真实考试答题卡略有不同。

61. [A] [B] [C] [D] [E] [F] [G]	66. [A] [B] [C] [D] [E] [F] [G]	71. [A] [B] [C] [D] [E] [F] [G]
62. [A] [B] [C] [D] [E] [F] [G]	67. [A] [B] [C] [D] [E] [F] [G]	72. [A] [B] [C] [D] [E] [F] [G]
63. [A] [B] [C] [D] [E] [F] [G]	68. [A] [B] [C] [D] [E] [F] [G]	73. [A] [B] [C] [D] [E] [F] [G]
64. [A] [B] [C] [D] [E] [F] [G]	69. [A] [B] [C] [D] [E] [F] [G]	74. [A] [B] [C] [D] [E] [F] [G]
65. [A] [B] [C] [D] [E] [F] [G]	70. [A] [B] [C] [D] [E] [F] [G]	75. [A] [B] [C] [D] [E] [F] [G]
76. [A] [B] [C] [D] [E] [F] [G]	81. [A] [B] [C] [D] [E] [F] [G]	86. [A] [B] [C] [D] [E] [F] [G]
77. [A] [B] [C] [D] [E] [F] [G]	82. [A] [B] [C] [D] [E] [F] [G]	87. [A] [B] [C] [D] [E] [F] [G]
78. [A] [B] [C] [D] [E] [F] [G]	83. [A] [B] [C] [D] [E] [F] [G]	88. [A] [B] [C] [D] [E] [F] [G]
79. [A] [B] [C] [D] [E] [F] [G]	84. [A] [B] [C] [D] [E] [F] [G]	89. [A] [B] [C] [D] [E] [F] [G]
80. [A] [B] [C] [D] [E] [F] [G]	85. [A] [B] [C] [D] [E] [F] [G]	90. [A] [B] [C] [D] [E] [F] [G]
91. [A] [B] [C] [D] [E] [F] [G]	96. [A] [B] [C] [D] [E] [F] [G]	101. [A] [B] [C] [D] [E] [F] [G]
92. [A] [B] [C] [D] [E] [F] [G]	97. [A] [B] [C] [D] [E] [F] [G]	102. [A] [B] [C] [D] [E] [F] [G]
93. [A] [B] [C] [D] [E] [F] [G]	98. [A] [B] [C] [D] [E] [F] [G]	103. [A] [B] [C] [D] [E] [F] [G]
94. [A] [B] [C] [D] [E] [F] [G]	99. [A] [B] [C] [D] [E] [F] [G]	104. [A] [B] [C] [D] [E] [F] [G]
95. [A] [B] [C] [D] [E] [F] [G]	100. [A] [B] [C] [D] [E] [F] [G]	105. [A] [B] [C] [D] [E] [F] [G]
106. [A] [B] [C] [D] [E] [F] [G]	111. [A] [B] [C] [D] [E] [F] [G]	116. [A] [B] [C] [D] [E] [F] [G]
107. [A] [B] [C] [D] [E] [F] [G]	112. [A] [B] [C] [D] [E] [F] [G]	117. [A] [B] [C] [D] [E] [F] [G]
108. [A] [B] [C] [D] [E] [F] [G]	113. [A] [B] [C] [D] [E] [F] [G]	118. [A] [B] [C] [D] [E] [F] [G]
109. [A] [B] [C] [D] [E] [F] [G]	114. [A] [B] [C] [D] [E] [F] [G]	119. [A] [B] [C] [D] [E] [F] [G]
110. [A] [B] [C] [D] [E] [F] [G]	115. [A] [B] [C] [D] [E] [F] [G]	120. [A] [B] [C] [D] [E] [F] [G]
121. [A] [B] [C] [D] [E] [F] [G]	126. [A] [B] [C] [D] [E] [F] [G]	131. [A] [B] [C] [D] [E] [F] [G]
122. [A] [B] [C] [D] [E] [F] [G]	127. [A] [B] [C] [D] [E] [F] [G]	132. [A] [B] [C] [D] [E] [F] [G]
123. [A] [B] [C] [D] [E] [F] [G]	128. [A] [B] [C] [D] [E] [F] [G]	133. [A] [B] [C] [D] [E] [F] [G]
124. [A] [B] [C] [D] [E] [F] [G]	129. [A] [B] [C] [D] [E] [F] [G]	134. [A] [B] [C] [D] [E] [F] [G]
125. [A] [B] [C] [D] [E] [F] [G]	130. [A] [B] [C] [D] [E] [F] [G]	135. [A] [B] [C] [D] [E] [F] [G]
136. [A] [B] [C] [D] [E] [F] [G]	141. [A] [B] [C] [D] [E] [F] [G]	146. [A] [B] [C] [D] [E] [F] [G]
137. [A] [B] [C] [D] [E] [F] [G]	142. [A] [B] [C] [D] [E] [F] [G]	147. [A] [B] [C] [D] [E] [F] [G]
138. [A] [B] [C] [D] [E] [F] [G]	143. [A] [B] [C] [D] [E] [F] [G]	148. [A] [B] [C] [D] [E] [F] [G]
139. [A] [B] [C] [D] [E] [F] [G]	144. [A] [B] [C] [D] [E] [F] [G]	149. [A] [B] [C] [D] [E] [F] [G]
140. [A] [B] [C] [D] [E] [F] [G]	145. [A] [B] [C] [D] [E] [F] [G]	150. [A] [B] [C] [D] [E] [F] [G]

《国际中文教师证书》考试仿真预测试卷答题卡

姓　名	
中文姓名	

考点代码:
[0] [1] [2] [3] [4] [5] [6] [7] [8] [9]
[0] [1] [2] [3] [4] [5] [6] [7] [8] [9]
[0] [1] [2] [3] [4] [5] [6] [7] [8] [9]
[0] [1] [2] [3] [4] [5] [6] [7] [8] [9]
[0] [1] [2] [3] [4] [5] [6] [7] [8] [9]
[0] [1] [2] [3] [4] [5] [6] [7] [8] [9]
[0] [1] [2] [3] [4] [5] [6] [7] [8] [9]

国籍: 中国
[0] [1] [2] [3] [4] [5] [6] [7] [8] [9]
[0] [1] [2] [3] [4] [5] [6] [7] [8] [9]
[0] [1] [2] [3] [4] [5] [6] [7] [8] [9]

序号:
[0] [1] [2] [3] [4] [5] [6] [7] [8] [9]
[0] [1] [2] [3] [4] [5] [6] [7] [8] [9]
[0] [1] [2] [3] [4] [5] [6] [7] [8] [9]
[0] [1] [2] [3] [4] [5] [6] [7] [8] [9]
[0] [1] [2] [3] [4] [5] [6] [7] [8] [9]

性别: 男[1] 女[2]

年龄:
[0] [1] [2] [3] [4] [5] [6] [7] [8] [9]
[0] [1] [2] [3] [4] [5] [6] [7] [8] [9]

注意　请用2B铅笔这样写：■

1. [A] [B] [C] [D] [E] [F] [G]
2. [A] [B] [C] [D] [E] [F] [G]
3. [A] [B] [C] [D] [E] [F] [G]
4. [A] [B] [C] [D] [E] [F] [G]
5. [A] [B] [C] [D] [E] [F] [G]
6. [A] [B] [C] [D] [E] [F] [G]
7. [A] [B] [C] [D] [E] [F] [G]
8. [A] [B] [C] [D] [E] [F] [G]
9. [A] [B] [C] [D] [E] [F] [G]
10. [A] [B] [C] [D] [E] [F] [G]
11. [A] [B] [C] [D] [E] [F] [G]
12. [A] [B] [C] [D] [E] [F] [G]
13. [A] [B] [C] [D] [E] [F] [G]
14. [A] [B] [C] [D] [E] [F] [G]
15. [A] [B] [C] [D] [E] [F] [G]

16. [A] [B] [C] [D] [E] [F] [G]
17. [A] [B] [C] [D] [E] [F] [G]
18. [A] [B] [C] [D] [E] [F] [G]
19. [A] [B] [C] [D] [E] [F] [G]
20. [A] [B] [C] [D] [E] [F] [G]
21. [A] [B] [C] [D] [E] [F] [G]
22. [A] [B] [C] [D] [E] [F] [G]
23. [A] [B] [C] [D] [E] [F] [G]
24. [A] [B] [C] [D] [E] [F] [G]
25. [A] [B] [C] [D] [E] [F] [G]
26. [A] [B] [C] [D] [E] [F] [G]
27. [A] [B] [C] [D] [E] [F] [G]
28. [A] [B] [C] [D] [E] [F] [G]
29. [A] [B] [C] [D] [E] [F] [G]
30. [A] [B] [C] [D] [E] [F] [G]

31. [A] [B] [C] [D] [E] [F] [G]
32. [A] [B] [C] [D] [E] [F] [G]
33. [A] [B] [C] [D] [E] [F] [G]
34. [A] [B] [C] [D] [E] [F] [G]
35. [A] [B] [C] [D] [E] [F] [G]
36. [A] [B] [C] [D] [E] [F] [G]
37. [A] [B] [C] [D] [E] [F] [G]
38. [A] [B] [C] [D] [E] [F] [G]
39. [A] [B] [C] [D] [E] [F] [G]
40. [A] [B] [C] [D] [E] [F] [G]
41. [A] [B] [C] [D] [E] [F] [G]
42. [A] [B] [C] [D] [E] [F] [G]
43. [A] [B] [C] [D] [E] [F] [G]
44. [A] [B] [C] [D] [E] [F] [G]
45. [A] [B] [C] [D] [E] [F] [G]

46. [A] [B] [C] [D] [E] [F] [G]
47. [A] [B] [C] [D] [E] [F] [G]
48. [A] [B] [C] [D] [E] [F] [G]
49. [A] [B] [C] [D] [E] [F] [G]
50. [A] [B] [C] [D] [E] [F] [G]
51. [A] [B] [C] [D] [E] [F] [G]
52. [A] [B] [C] [D] [E] [F] [G]
53. [A] [B] [C] [D] [E] [F] [G]
54. [A] [B] [C] [D] [E] [F] [G]
55. [A] [B] [C] [D] [E] [F] [G]
56. [A] [B] [C] [D] [E] [F] [G]
57. [A] [B] [C] [D] [E] [F] [G]
58. [A] [B] [C] [D] [E] [F] [G]
59. [A] [B] [C] [D] [E] [F] [G]
60. [A] [B] [C] [D] [E] [F] [G]

说明：
1. 本卡为模拟机读卡，仅作为考生填涂练习及方便模拟考试阅卷之用，不可机读。
2. 卡中所列项目及格式与真实考试答题卡略有不同。

61. [A] [B] [C] [D] [E] [F] [G]	66. [A] [B] [C] [D] [E] [F] [G]	71. [A] [B] [C] [D] [E] [F] [G]
62. [A] [B] [C] [D] [E] [F] [G]	67. [A] [B] [C] [D] [E] [F] [G]	72. [A] [B] [C] [D] [E] [F] [G]
63. [A] [B] [C] [D] [E] [F] [G]	68. [A] [B] [C] [D] [E] [F] [G]	73. [A] [B] [C] [D] [E] [F] [G]
64. [A] [B] [C] [D] [E] [F] [G]	69. [A] [B] [C] [D] [E] [F] [G]	74. [A] [B] [C] [D] [E] [F] [G]
65. [A] [B] [C] [D] [E] [F] [G]	70. [A] [B] [C] [D] [E] [F] [G]	75. [A] [B] [C] [D] [E] [F] [G]
76. [A] [B] [C] [D] [E] [F] [G]	81. [A] [B] [C] [D] [E] [F] [G]	86. [A] [B] [C] [D] [E] [F] [G]
77. [A] [B] [C] [D] [E] [F] [G]	82. [A] [B] [C] [D] [E] [F] [G]	87. [A] [B] [C] [D] [E] [F] [G]
78. [A] [B] [C] [D] [E] [F] [G]	83. [A] [B] [C] [D] [E] [F] [G]	88. [A] [B] [C] [D] [E] [F] [G]
79. [A] [B] [C] [D] [E] [F] [G]	84. [A] [B] [C] [D] [E] [F] [G]	89. [A] [B] [C] [D] [E] [F] [G]
80. [A] [B] [C] [D] [E] [F] [G]	85. [A] [B] [C] [D] [E] [F] [G]	90. [A] [B] [C] [D] [E] [F] [G]
91. [A] [B] [C] [D] [E] [F] [G]	96. [A] [B] [C] [D] [E] [F] [G]	101. [A] [B] [C] [D] [E] [F] [G]
92. [A] [B] [C] [D] [E] [F] [G]	97. [A] [B] [C] [D] [E] [F] [G]	102. [A] [B] [C] [D] [E] [F] [G]
93. [A] [B] [C] [D] [E] [F] [G]	98. [A] [B] [C] [D] [E] [F] [G]	103. [A] [B] [C] [D] [E] [F] [G]
94. [A] [B] [C] [D] [E] [F] [G]	99. [A] [B] [C] [D] [E] [F] [G]	104. [A] [B] [C] [D] [E] [F] [G]
95. [A] [B] [C] [D] [E] [F] [G]	100. [A] [B] [C] [D] [E] [F] [G]	105. [A] [B] [C] [D] [E] [F] [G]
106. [A] [B] [C] [D] [E] [F] [G]	111. [A] [B] [C] [D] [E] [F] [G]	116. [A] [B] [C] [D] [E] [F] [G]
107. [A] [B] [C] [D] [E] [F] [G]	112. [A] [B] [C] [D] [E] [F] [G]	117. [A] [B] [C] [D] [E] [F] [G]
108. [A] [B] [C] [D] [E] [F] [G]	113. [A] [B] [C] [D] [E] [F] [G]	118. [A] [B] [C] [D] [E] [F] [G]
109. [A] [B] [C] [D] [E] [F] [G]	114. [A] [B] [C] [D] [E] [F] [G]	119. [A] [B] [C] [D] [E] [F] [G]
110. [A] [B] [C] [D] [E] [F] [G]	115. [A] [B] [C] [D] [E] [F] [G]	120. [A] [B] [C] [D] [E] [F] [G]
121. [A] [B] [C] [D] [E] [F] [G]	126. [A] [B] [C] [D] [E] [F] [G]	131. [A] [B] [C] [D] [E] [F] [G]
122. [A] [B] [C] [D] [E] [F] [G]	127. [A] [B] [C] [D] [E] [F] [G]	132. [A] [B] [C] [D] [E] [F] [G]
123. [A] [B] [C] [D] [E] [F] [G]	128. [A] [B] [C] [D] [E] [F] [G]	133. [A] [B] [C] [D] [E] [F] [G]
124. [A] [B] [C] [D] [E] [F] [G]	129. [A] [B] [C] [D] [E] [F] [G]	134. [A] [B] [C] [D] [E] [F] [G]
125. [A] [B] [C] [D] [E] [F] [G]	130. [A] [B] [C] [D] [E] [F] [G]	135. [A] [B] [C] [D] [E] [F] [G]
136. [A] [B] [C] [D] [E] [F] [G]	141. [A] [B] [C] [D] [E] [F] [G]	146. [A] [B] [C] [D] [E] [F] [G]
137. [A] [B] [C] [D] [E] [F] [G]	142. [A] [B] [C] [D] [E] [F] [G]	147. [A] [B] [C] [D] [E] [F] [G]
138. [A] [B] [C] [D] [E] [F] [G]	143. [A] [B] [C] [D] [E] [F] [G]	148. [A] [B] [C] [D] [E] [F] [G]
139. [A] [B] [C] [D] [E] [F] [G]	144. [A] [B] [C] [D] [E] [F] [G]	149. [A] [B] [C] [D] [E] [F] [G]
140. [A] [B] [C] [D] [E] [F] [G]	145. [A] [B] [C] [D] [E] [F] [G]	150. [A] [B] [C] [D] [E] [F] [G]

《国际中文教师证书》
考　试

仿真预测试卷二

注　意

一、本试卷分三部分：

　　1. 基础知识 50 题

　　2. 应用能力 50 题

　　3. 综合素质 50 题

二、请将全部试题答案用铅笔填涂到答题卡上。

三、全部考试约 155 分钟（含 5 分钟填涂答题卡时间）。

第一部分　基础知识

第1—7题

> 剑外忽传收蓟北，初闻涕泪满衣裳。
> 却看妻子愁何在，漫卷诗书喜欲狂。
> 白日放歌须纵酒，青春作伴好还乡。
> 即从巴峡穿巫峡，便下襄阳向洛阳。

1. 诗中"裳"的意思是：
   A.（夫君、君长）穿着的裙
   B. 男女穿着的下衣
   C. 裤子
   D. 上身的衣服

2. "愁"的国际音标是：
   A. [tʂou]　　B. [ts'ou]　　C. [tʂ'ou]　　D. [tʃou]

3. 这首诗的第四句用了什么修辞格？
   A. 比喻　　B. 对偶　　C. 拟人　　D. 夸张

4. 诗中"涕泪"的意思是：
   A. 掉眼泪　　B. 流鼻涕　　C. 鼻涕和眼泪　　D. 眼泪

5. 下列字造字法相同的一项是：
   A. "外"和"盯"
   B. "日"和"女"
   C. "作"和"林"
   D. "情"和"水"

6. 下面哪个字与"卷"的音节结构是一样的？
   A. 明　　B. 茶　　C. 端　　D. 爱

7. 普通话辅音"sh"的发音部位和发音方法是：
   A. 舌尖后、清、擦音
   B. 舌尖后、清、塞擦音
   C. 舌尖后、送气、清、塞擦音
   D. 舌尖前、清、擦音

第 8—11 题

> ① 昨天我们都忙，都没去他那儿。
> ② 昨天是他自己不去，不是我们不让他去。
> ③ 我没收到他的来信。
> ④ 如果下星期一还没收到他的来信，你就给我来个电话。
> ⑤ 他不但不吸烟，而且也不喝酒。
> ⑥ 他刚才没吸烟。
> ⑦ 这些苹果不红。
> ⑧ 这些苹果还没红。

8. 关于"不"和"没"的区别描述正确的是：
   A. "不"不能用于过去，"没"不能用于将来
   B. "不"和"没"都可以表示主观的判断、估计或认知
   C. "不"可以用在表示性质或状态的形容词前面，表示否定某种性质或状态
   D. "不"用在动词前面，表示客观叙述，否定某行为已经发生

9. 句⑤中由"不但……而且……"引导的是哪一类复句？
   A. 并列复句　　　B. 承接复句　　　C. 递进复句　　　D. 转折复句

10. 句①中出现了两个"都"，下列关于"都"的用法描述**错误**的是：
    A. "都"是范围副词，表示前面所说的对象都包括在内
    B. "都"在句中做状语，放在动词或者形容词之前
    C. "不都、没都"表示部分否定
    D. "不"和"没"只可以放在"都"之前

11. 下面哪个词与句③中"来信"一词的构词类型相同？
    A. 休闲　　　　　B. 电脑　　　　　C. 看好　　　　　D. 创意

第 12—15 题

> 爱屋及乌　　　义愤填 yīng
> 行不 èr 过　　　手到擒来

12. 根据成语中的拼音写出汉字，都正确的一组是：
    A. 鹰 二　　　　B. 鹰 贰　　　　C. 膺 贰　　　　D. 膺 二

13. 汉字"愤"的声母按发音方法属于哪一类？
    A. 鼻音　　　　B. 擦音　　　　C. 塞音　　　　D. 塞擦音
14. "手到擒来"属于哪种结构？
    A. 偏正结构　　B. 连谓结构　　C. 动宾结构　　D. 并列结构
15. 与"手"的造字方法相同的一项是：
    A. 武　　　　　B. 问　　　　　C. 下　　　　　D. 羊

第16—19题

请选出下列短语的结构关系类型，在A—G中进行选择，其中有三个多余选项。

16. 高兴极了
17. 上街看热闹
18. 让他去国外读书
19. "诗仙"李白

16. _____
17. _____
18. _____
19. _____

A. 主谓短语
B. 中补短语
C. 联合短语
D. 偏正短语
E. 同位短语
F. 连谓短语
G. 兼语短语

第 20—23 题

今年暑假，我和我们班不少同学来到了中国，参加短期汉语学习。昨天是短期班第一天上课，我们早早就来到了教室，等着老师。大家边等边想：会安排什么样的老师给我们上课呢？七点五十分，老师推开门走了进来。大家一看，是一位女老师。她个子不太高，头发短短的，戴着一副眼镜，上身穿着一件浅蓝色的衬衫，下身穿着一条漂亮的裙子，大概三十岁。老师微笑着说："你们好！"①<u>我们一下子喜欢上了她。</u>

上课了，②<u>老师先请我们简单介绍一下自己</u>，然后带着我们学生词，纠正我们语音方面的错误，接着，又学习了语法和课文。③<u>老师讲得很清楚，我们都听懂了。</u>老师对我们说："只要认真学习，就一定能学好汉语。"

下课的时间到了，老师说我们表现得很好，我们都很高兴。大家合上书，背着书包，和老师说"再见"，然后从教室里走了出来。

20. 句①中"喜欢"的"喜"笔画数是：
 A. 10   B. 11   C. 12   D. 13

21. ②句是什么句式？
 A. 连动句   B. 存现句   C. 祈使句   D. 兼语句

22. "不少"和"不太高"中"不"的调值分别是什么？
 A. 前者是 21，后者是 214
 B. 前者是 35，后者是 21
 C. 前者是 51，后者是 14
 D. 前者是 51，后者是 35

23. 和句③中"讲得很清楚"补语类型相同的一项是：
 A. 写不好汉字   B. 听得津津有味
 C. 学会使用电脑   D. 心里痛快极了

第 24—27 题

以下是周老师讲授"把"字句的教案节选：

(1) 我说你做

先在一个学生耳边小声地说一个句子，如："请你把黑板擦干净。"该学生根据句子做动作。做完后，老师问其他学生："××刚才做了什么？"学生回答："××把黑板擦干净了。"做动作的学生继续找另一个同学小声说句子，继续这个活动。（注意：说过的句子不要重复）

(2) 猜猜看

提前准备一些纸条，上面分别写一个"把"字句。如：

请你把黑板擦干净。

请你把书拿出来。

请你把本子装进去。

请你把桌子搬进来。

请你把椅子搬出去。

请你把手洗干净。

把全班学生分成两组，每组每次派一个学生抽取一张纸条，根据纸条上的句子做动作。做完动作的学生指定另一组的一个学生问："我刚才做什么了？"被指定的学生用"把"字句回答："你刚才把……了。"看哪一组说出的正确句子多。

(3) 快速反应

在黑板上写 10 个词语，让学生将其中 5 个词语用笔写到自己一只手的手指肚上。学生两人一组，各自把手握起来，不让对方看到自己手指肚上的词语。游戏的规则是两人轮流伸出一个手指，速度要快，两三秒就要收回来，对方根据看到的词语造"把"字句。

词语：吃 喝 洗 看 搬 拿 戴 穿 脱 听（板书）

24. 板书"把"字句的用法：

肯定形式：S＋把＋O＋V＋其他成分
　　如：我把门关上了。
否定形式：S＋没有/不＋把＋O＋V＋其他成分
　　如：我没有把那本书拿走。
疑问形式：S＋把＋O＋V＋其他成分＋吗
　　如：你把钱放回去了吗？

上述这一步骤应在什么时候进行？
A. 步骤（1）前　　　　　　　　B. 步骤（2）前
C. 步骤（3）前　　　　　　　　D. 步骤（3）后

25. 这份教案适用于哪种课型？
    A. 泛读课　　B. 口语课　　C. 写作课　　D. 综合课

26. 该教案中呈现的语法点适合什么水平的学生？
    A. 初等　　B. 中等　　C. 高等　　D. 入门

27. "她把房间没有打扫干净"和"你把中文杂志看得懂看不懂"分别是什么类型的偏误？
    A. 错序和添加　　　　　　　B. 替代和添加
    C. 错序和遗漏　　　　　　　D. 错序和替代

第28－31题

下面是某教材的一项课后练习：

用"越来越……"或者"越……越……"回答问题：
(1) 现在来中国学习汉语的人多吗？
(2) 现在的天气有什么变化？
(3) 你习惯在中国的生活吗？
(4) 你想念你的家人吗？
(5) 你的汉语学得怎么样了？

28. 下列对该语法点规则的总结哪项是正确的？
    A. "越来越……"本身表示程度高，后面可以加"很、非常、太"等修饰
    B. "越来越……"后面可以跟一般动词表示程度变化
    C. "越来越……"后面可以跟形容词、心理动词或者能愿动词
    D. 如果句子中有两个主语，第二个主语要放在副词"越"的后面

29. 关于问题（1）中的"现在"和问题（2）中的"现在"，下列说法正确的是：
    A. 第一个在句中做时间状语，第二个句中做主语
    B. 第一个在句中做状语，第二个在句中做定语
    C. 第一个是时间名词，第二个是时间副词
    D. 两个都是时间副词

30. 这种练习方式属于：
    A. 句型替换　　　　　　　　B. 给情境造句
    C. 定式回答　　　　　　　　D. 看图说话

31. 如果教师要求学生将这些问题的答案写在练习纸上，作为测试，写完后上交评分以检查学生对这一语法点的掌握情况，这属于什么测试类型？
    A. 客观性测试　　　　　　　　　B. 水平测试
    C. 课程进展测试　　　　　　　　D. 学能测试

第32—36题

波伟：哎，①<u>车来了，但看样子人很多</u>，肯定没有空座位了。
丁荣：没关系，②<u>我们就站着吧</u>。
(③<u>两个人上了车</u>)
波伟：师傅，我们没有硬币，只有一张五块钱的纸币，还要找一块钱，怎么办呢？
司机：你们先放五块钱进去，然后在这儿等着，等有人上车投币时，④<u>请他给你一块钱就可以了</u>。
丁荣：好的，谢谢。我们就在这儿等一会儿吧。
(很快，他们拿到了钱)
波伟：丁荣，这车真不错，⑤<u>开着空调，放着音乐</u>，人们坐车多舒服啊。
丁荣：是啊，所以坐空调车的人很多。夏天和冬天就更多了。

---

32. 画线部分①蕴含的语义关系是：
    A. 顺承　　　　B. 转折　　　　C. 条件　　　　D. 假设

33. 关于句①和句③中"了"的说法正确的是：
    A. 都是语气助词，表示事态已经变化
    B. 都是动态助词，表示动作行为即将完成
    C. 句①中的"了"位于句末，是语气助词
    D. 句③中的"了"是动态助词，表示动作即将发生

34. 画线部分②和⑤中"着"表示的语法意义分别是：
    A. 动态助词，表示状态在持续；语气助词，无实义
    B. 语气助词，无实义；动态助词，表示动作在持续
    C. 动态助词，表示动作在持续；动态助词，表示状态在持续
    D. 动态助词，表示状态在持续；动态助词，表示状态在持续

35. 画线部分④，属于哪一句式？
    A. 兼语句　　　　B. 连谓句　　　　C. 双宾句　　　　D. 存现句

36. 用问答的方式对画线部分⑤的"着"进行操练，以下语法意义与其**不一致**的是：

   A. （展示春节相应图片）在中国过春节的时候，大门两边……（贴着）对联？

   B. （展示人物图片）他上身……（穿着）西服？下身……（穿着）喇叭裤？

   C. （展示人物图片）他……（戴着）一顶帽子？

   D. 我们正在上课，还可以说，我们……（上着）课呢？

第 37—40 题

> 第二语言的获得是刺激－反应－强化形成习惯的结果，一旦习惯形成，学习者就会对特定的语言情境自然地做出反应，但是与第一语言习得不同的是，第二语言习得时学习者已经形成了一套语言习惯，因此就存在第一语言正迁移和负迁移的问题。

37. 这段话讲的是第二语言习得的什么假说？

   A. 中介语假说

   B. 对比分析假说

   C. 内在大纲和习得顺序假说

   D. 输入假说

38. 该假说属于哪一流派？

   A. 行为主义学习理论

   B. 人本主义学习理论

   C. 认知学习理论

   D. 认知－行为主义学习理论

39. 关于该假说的描述，下列正确的是：

   A. 迁移会造成第二语言习得的困难和学生的错误

   B. 第二语言习得的主要障碍来自第二语言

   C. 迁移指在学习过程中已获得的知识、技能和方法、态度等对学习新知识、技能的影响

   D. 承认学习者语言习得的认知过程，重视人的能动性和创造力

40. 下列哪种做法体现了该假说？

   A. 设置较为真实的情境，让学生进行交际对话

   B. 学习完新的语法项目，带学生进行句型替换操练

   C. 课堂上鼓励学生多说，尽量少纠正学习者的错误

   D. 让学生在解决实际问题的过程中学习知识

第 41－43 题

> ①天下皆知美之为美，斯恶已；皆知善之为善，斯不善已。故有无相生，难易相成，长短相形，高下相倾，②音声相和，前后相随。是以圣人处无为之事，行不言之教；万物作而弗始，生而不有，为而弗恃也，功成而弗居也。③夫唯弗居，是以弗去。

41. 以下关于①处的"恶"的说法正确的是：
    A. 读作"wù"
    B. 本义是"罪过"
    C. 此处为引申义"不好的行为"
    D. 与"吾以志前恶"中的"恶"用法相同

42. ②处的"和"是什么意思？
    A. 跟着唱　　　　　　　　　B. 附和
    C. 平稳，和缓　　　　　　　D. 和谐相应

43. 下列关于句子③的说法**不正确**的是：
    A. "夫"在这里用作结构助词
    B. "弗"是"不"的同源字
    C. "去"本义为"离开"，此处为引申义"损失，失掉"
    D. "是以"意为"所以，因此"

第 44－45 题

> 教学法流派指的是在一定的理论指导下，在教学实践中逐渐形成的，包括其理论基础、教学目标、教学原则、教学内容、教学形式、教学方法和技巧、教学手段、教师与学生的作用和评估等方面的教学法体系。

44. 下列选项属于经验派的是：
    A. 交际法　　　　　　　　　B. 直接法
    C. 自觉对比法　　　　　　　D. 语法翻译法

45. 下列关于听说法的说法**错误**的是：
    A. 语言学理论基础是美国结构主义语言学
    B. 心理学基础是行为主义心理学
    C. 强调反复操练，用模仿、重复、记忆的方法形成习惯
    D. 为避免打击学生的信心，尽量少纠正学生的错误

第 46－50 题

以下是一位母语为老挝语的中级留学生写的一篇作文：

> 我是第一次在南京过新年，我感觉还不错。31 日早上我一起床就洗澡，以后，我的朋友们让我和他们一起去新街口买东西，因为会打折很多的。①<u>我们是坐地铁去的，到了以后买很多东西。</u>下午 4 点我们才回到宿舍，然后洗澡，休息休息，跟我家挺聊天儿，祝他们新年快乐。晚上 9 点我和老挝朋友一起去 Helens 玩儿，喝了很多啤酒，大家都很开心。②<u>1 月 1 日 3 点早上才回宿舍，看起来每个人又累又困，然后都睡着了。</u>新年 1 月 1 日中午我们去一个地方吃火锅，高兴级了。最后我们花了很多钱，终于没钱了，哈哈。

46. 文中有几个错别字？
   A. 1 个　　　　B. 2 个　　　　C. 3 个　　　　D. 4 个

47. 画线部分①是什么偏误？
   A. 遗漏　　　　B. 误加　　　　C. 误用　　　　D. 错序

48. 画线部分②怎么改正最合适？
   A. 1 月 1 日早上 3 点才回宿舍，回来后他们就都睡着了。
   B. 1 月 1 日早上 3 点才回宿舍，看起来他们都又累又困。
   C. 1 月 1 日凌晨 3 点我们才回宿舍，回来后又累又困，很快就都睡着了。
   D. 1 月 1 日凌晨 3 点才回宿舍，看起来我们又累又困，就都睡着了。

49. 下列关于"以后""后来"和"然后"的描述哪个正确？
   A. "以后"和"后来"是时间名词，"然后"是连词
   B. "后来"的前边常有表示时间的词语
   C. "以后"只用于过去，而且往往指一个过程的后一个阶段
   D. "然后"只可以用在将来，表示一个动作发生之后接着发生另一动作

50. 对待学生作文中的语法错误，教师应注意哪些事项？
   A. 找出学生作文中的每一个语法错误，重点进行语法错误的分析与讲解
   B. 要区分开词语偏误、语法偏误和语用偏误，根据学生的实际汉语水平纠错
   C. 在课堂上对每个学生的语法错误进行点评
   D. 修改作文的时候，为了语法的正确，可以忽略学生的本意

第二部分　应用能力

第 51—55 题

汉语口语课教学应贯彻交际性原则，引导学生运用汉语进行有意义的会话交流，达到提高交际能力的目的。口语交际性会话练习的形式十分丰富，下面是五个口语练习的例子。

51. 新闻有很多类型，比如财经、体育、政治、生活、娱乐等，请选择一种新闻类型，扮演主持人的角色，选择一则新闻进行报道。
52. 将全班同学分为三组，分别作为正方、反方和观众，辩题是"谈恋爱是否浪费时间"。

正方：谈恋爱浪费时间。

反方：谈恋爱不浪费时间。

观众：对正反双方队员的表现进行打分，最后选出两方的最佳辩手。

53. 4 人一组进行讨论，讨论的话题是"玛丽要回国了，我们要为她举行送别会"，通过讨论，选出最佳方案。

① 4 人一组，同学之间自由组合；
② 小组成员各自发表自己的观点；
③ 小组成员对组内的观点进行讨论，最后确定一个最佳方案；
④ 各小组推选一个代表向全班同学介绍本组的方案。

54. 请大家用"从前，有一个老人……"作为开头讲一个故事，每人一句话，看看故事的最后会发生什么。
55. 同桌之间互换角色，模仿对方的说话和行为方式 5 分钟，看看有什么发现。

请从 A—G 中选出上述几个例子对应的口语课交际性会话练习的形式，其中有两个为多余选项。

51. _____
52. _____
53. _____
54. _____
55. _____

A. 讲故事
B. 谈经历
C. 小组讨论
D. 角色替换
E. 演讲辩论
F. 新闻报道
G. 小型戏剧

第 56—59 题

> 汉语教学中，教师在设计和组织技能教学活动时，不仅要考虑活动本身的目的、特点，还要考虑学生的实际情况。在语言习得中，学习者的个体因素有生理因素、认知因素和情感因素等。以下是依据学习者个体因素进行的教学活动。
>
> 56. 汉语教师进行课堂小组活动要注意分组的合理性，要尽量使得组内异质、组间同质，也就是说一个小组里面最好包含几种类型的学生，比如场独立型的、场依存型的、审慎型的或冲动型的，不要把同一类型的人全都放到一个组。
>
> 57. 汉语教师小李在写教学日志的时候总结道：班上学生学习汉语的原因是有差异的，玛丽对汉语很感兴趣，学习的积极性和主动性很强；马克快到考试的时候才会努力学习，只是为了通过考试……
>
> 58. 要想学好汉语，学生只利用课上时间是不够的，在课下，他们还需要计划、总结、反思、检查自己学过的知识，反思自己哪里做得好，哪里做得不好，并及时改进学习方法。
>
> 59. 某国际学校依据汉语学习者所在年级的不同选择不同类型的教材，小学生选取的是《汉语乐园》，中学生选取的是《跟我学汉语》。

请从 A—F 中选出上述教学活动所依据的学习者个体因素的类型，其中有两个为多余选项。

56. _____
57. _____
58. _____
59. _____

A. 年龄
B. 认知方式
C. 认知学习策略
D. 元认知学习策略
E. 动机
F. 态度

第 60—63 题

> **丝绸古城——苏州**
>
> 公元前 3 世纪，中国丝绸开始传入欧洲，令西方人大为吃惊。他们赞叹：这真像是一个美丽的梦！
>
> 两千多年前汉代"丝绸之路"的开通，使中国丝绸源源不断地销往西方。由于中国的丝绸主要产自东南沿海的苏杭一带，苏州就赢得了"丝绸古城"的美称。直到今天，很多到苏州的游客，除了观赏著名的苏州园林之外，还有一件必定要做的事情：光顾丝绸商店选购丝绸，实现他们多年的梦想。
>
> 苏州是春秋时期吴国的都城。它地处太湖之滨，气候温和，土壤肥沃，适合植桑养蚕，丝绸生产已有三千多年的历史。苏州在宋代已成为中国丝绸业的中心。到明清时代，那里出产的丝绸精品闻名中外，宫廷使用的高级丝织品大多出自苏州织工之手。千百年来，苏州的丝绸业长盛不衰。

60. 程老师在讲这篇课文之前，首先与同学们互相问好，接着复习了上一课的内容，然后简单介绍了一下丝绸之路。这三个分别属于什么教学步骤？

   A. 导入环节、复习环节、组织教学

   B. 导入环节、操练、组织教学

   C. 组织教学、复习环节、导入环节

   D. 组织教学、导入环节、操练

61. 以下关于教学流程的说法合理的是：

   A. 共三个阶段，分别是：前期课程策划阶段、中期信息调查阶段及后期教学实施阶段

   B. 课程策划阶段首先要制订教学目标，然后进行课程组织

   C. 信息调查阶段就是对教学对象进行分析，知道学生是谁，他们的基本情况如何

   D. 这三个阶段是单向的线性关系，前期→中期→后期，后期不会影响前期和中期

62. 以下关于画线句中"令"的讲解及其评价正确的是：

   A. 将"令"与英语的"make"做简单对比，比较它们的异同。这是完全没有必要的，毕竟汉语和英语是两种不同的语言。

   B. 采用演绎法用PPT展示短语"令我开心"和"令我难过"，让学生自己总结"令"的用法。

   C. 对"令"否定形式的讲解：要说"令我不开心"，不能说"不令我开心"。这样的讲解能让同学们避免错误的用法，很恰当。

   D. 在讲解"令"的时候将讲授法、演示法、练习法等方法结合起来。这样既可以全面讲解语法点，又可以使课堂形式多样。

63. 讲完课文之后，程老师给学生布置了写作作业：描写一座你熟悉的城市。并给出了一些与此相关的词语和句型，要求学生先构思，接着写出提纲，然后写初稿，反复修改后写出定稿。这一写作教学的方法是什么？

   A. 模仿写作　　　　　　　　B. 任务写作
   C. 过程写作　　　　　　　　D. 自由写作

第64—66题

以下是郝老师对一个语法点进行讲解的教案。

(1) 语法引入

(展示一张病人的图片)

【教师提问】他脸色好吗?

【目标句型】他脸色不好。

【教师提问】你觉得他身体怎么样?

【目标句型】他身体不太舒服。

(2) 语法展示

他　　脸色　　不太好。
　　　　s　　　　p
S　　　P

语法讲解:"他"是大主题,"脸色不太好"评论"他"的情况;在"脸色不太好"这一词组中,"脸色"是主题,在整个句子中"脸色"是小主题。

(3) 语法操练

看图片快速说出句子,用"S+P(s+怎么样)"句型。

(展示图片:脸色很好的人和病人的对比图片;长得高的人和长得矮的人的图片等)

【目标句型】她脸色很好/不太好。他个子很高/很矮。

(4) 语法功能

描述一个人

图片:班上××同学的照片(提示词:个子、眼睛、头发、牙齿等)

【教师提问】××同学个子高吗?他/她眼睛/头发/牙齿怎么样?

【目标段落】××同学个子很高,眼睛不太大,头发很短,牙齿很白很整齐,篮球打得非常好。

(5) 做中学:分组活动,直接引导学生说

将全班同学分为三组,分别给他们人物、物品和地方的图片,学生可以任意选择一种进行描述,完成任务之后,教师找若干名同学作为代表进行展示。

64. 在语法引入部分,郝老师通过图片、问答、例句等方式引导学生总结出本课的句型及使用方法,这种教学方式属于:

A. 归纳法　　　　　　　　　　B. 演绎法

C. 对比法　　　　　　　　　　D. 情境导入法

65. 在语法操练部分，一个学生看到长得高的和长得矮的人的图片之后说出的句子是"她很低"，这时郝老师说"'低'一般用来形容建筑或者物品，'矮'一般用来形容人"。在这里，郝老师采取的纠错方式是：

   A. 明确纠正　　　　　　　　　B. 诱导

   C. 提供元语言认识　　　　　　D. 要求澄清

66. "做中学"部分进行的分组活动属于什么练习形式？

   A. 扩展练习　　　　　　　　　B. 有意义练习

   C. 机械性练习　　　　　　　　D. 交际性练习

第67—70题

闲话中国茶

中国是茶叶的故乡，中国人在世界上最先认识并且种植、制作茶叶。中国历史上有不少关于茶的书，如《茶经》《茶录》《茶谱》《茶史》等。这些书对种茶、采茶和饮茶都作了研究和总结。

"中国人最爱品茶，在家中喝茶，上茶馆也要喝茶；开会时喝茶，朋友一起谈话时要喝茶，甚至打架讲道理时也要喝茶；早饭前喝茶，午饭后也要喝茶。"中国人喝茶的习惯，影响了不少国家。17世纪中叶，中国茶开始传入美国。美国人好冷饮，尤其喜欢将茶泡水后冷却，去掉茶叶，倒在有冰块的杯子里，并加入少量的糖或果汁，制成"冰茶"饮用。18世纪初，中国茶进入伦敦市场。饮茶逐渐在英国流行起来，并且形成了午后四五点钟饮"午后茶"的礼仪。印度在1780年首次引种中国茶树；斯里兰卡在1841年开始引种中国茶树；俄国于1983年聘请中国人去做种茶技术顾问，茶叶生产得到了发展。到目前为止，饮茶习惯已经流传到100多个国家和地区，产茶国家和地区已有近50个。

---

67. 节选的这篇阅读课文中标注的生词有12个，以下对生词的处理恰当的是：

   A. 阅读前讲解完所有的生词，扫清阅读障碍

   B. 先不要讲与上下文联系紧密的生词，可鼓励学生根据语境猜词

   C. 不仅要讲解生词的意思，还要讲生词的搭配和使用

   D. 要求学生掌握阅读中的所有生词，要会读会写会用

68. 以下是该课文后的一道练习题：

> 选择对画线词语的正确解释：
> 美国人好冷饮，尤其喜欢将茶泡水后冷却。（　　）
> A. 喜欢　　B. 不错　　C. 容易　　D. 健康

请问这道练习题属于词汇练习中的什么类型？
A. 感知类练习
B. 理解类练习
C. 记忆类练习
D. 应用类练习

69. 以下关于汉语阅读课教学的说法正确的是：
A. 讲一篇新的阅读课文之前，不需要浪费时间铺垫，开门见山就好
B. 阅读课主要是让学生学习词汇、语法和文化知识的，不宜进行技能训练
C. 阅读课的练习题应都设置为封闭性问题，开放性问题不利于组织教学
D. 阅读课要将精读与泛读结合起来，提高学生的阅读理解水平

70. 课堂上，来自美国的王明和来自英国的李志因为"美国冰茶和英国下午茶哪个更好喝"发生了争执，双方互不相让，大吵起来。这时，老师怎么处理**不太恰当**？
A. 先静观其变，然后说出他们各自的道理，最后可以就此举行个小型辩论会
B. 大声说"不要吵了"，让他们停止争论
C. 告诉他们要尊重不同国家的风俗，每个国家的茶都有自己的特色
D. 顺势布置作业，让学生课下查阅资料，对美国冰茶和英国下午茶进行比较

第71—73题

> 中级汉语听力课实习老师李老师在其教学日志中写下了这样的困惑：
> 问题一：讲生词的时候，很多同学注意力不够集中，时有打盹儿或者玩儿手机的现象，生词掌握不好，影响后面对听力练习部分的理解；
> 问题二：听力练习部分是先听完一个大题中的所有小题之后，再核对答案，最后针对有问题的小题进行再听和讲解，发现很多同学在听第一遍的时候会打盹儿。核对答案之后发现学生之间差异比较大，对一些同学来讲，只需要讲解一两个小题，对一些同学来讲，最好每个题目都讲解一下。另外，课下很少有同学对照听力文本总结语言点和易错点，学习效果不佳。

71. 面对讲生词时学生注意力不集中的现象，李老师应该如何解决？
A. 生词部分本身就枯燥，学生注意力不集中是正常现象，不用担心
B. 上课时间太长导致学生无法集中注意力，向领导反映，建议缩短上课时间

C. 与有经验的老师进行交流，完全吸取他们的经验

D. 找部分学生谈话，了解他们注意力不集中的原因，再对症下药，寻找解决问题的办法

72. 下列对问题二的建议最为合理的是：

A. 听力练习就是要多听，不需要讲解，听一遍听不懂，就再听一遍，反复听，听得多了就会了

B. 可将听力练习的一个大题拆分成几个部分，每次听几个小题，而不是一次性听完

C. 一个班总会有一两个成绩差的学生，他们跟不上就算了，班上大多数同学听得懂就好了

D. 做听力练习的主要目的是检测学生的学习情况，对错是最重要的

73. 以下关于汉语听力课教学的说法**不正确**的是：

A. 在语言学习和语言交际中听的能力要先于和大于说的能力

B. 生词是听力理解的重要因素，为避免学生因某个生词卡住而放弃，需要训练学生跳过生词障碍，抓住主要信息的能力

C. 固定词组、惯用语、成语在听力材料中经常出现，要引导学生通过上下文语境去理解，对涉及的中国民俗习惯、文化历史等作必要的解释

D. "好记性不如烂笔头"，教师要培养学生边听边记的习惯，为了提高汉语水平，记的时候要求学生只使用汉语

第 74—79 题

请在 A—F 中选出以下教学实例对应的词汇教学方法。

74. 张老师在教"香蕉"一词时，直接拿出一根香蕉，然后教学生读"xiāng jiāo"。

75. 在学习"下雪"这一词语时，陈老师扩展了与之相关的"冬天""雪灾""冷""担心""滑雪"等多方面的词语。

76. 刘老师在教"戴""穿""系"这些动词的时候，举了很多例子。例如：戴——帽子，手套，耳环，眼镜；穿——衣服，裤子，鞋子；系——安全带，领带，鞋带……

77. 白老师在教"麻烦"一词时，设置了以下两种语言环境：
①白老师：如果你想让一个人帮忙，这时候你说什么？
PPT 显示句子："麻烦您能帮我一下吗？"
②白老师：你们喜欢吃饺子吗？
学生：喜欢。
白老师：今天老师教大家包饺子。（把包饺子的过程大概说一下）
PPT 显示句子：包饺子很麻烦！

78. 许老师在讲到"电器"这个词时，在黑板上列举了一些它的下位词，诸如"电视机""洗衣机""电冰箱""电饭煲"等常见家用电器。

79. 赵老师在美国一所孔子学院教汉语，在学习"操场"一词时，她直接用英语"playground"解释该词语。

74. _____
75. _____
76. _____
77. _____
78. _____
79. _____

A. 直接法
B. 类聚法
C. 联想法
D. 搭配法
E. 情景法
F. 翻译法

第80—83题

以下表格是某学校国际教育学院留学生汉语综合课期末考试的试卷结构。

题型	题型说明	数量	分值
写汉字	根据给出的拼音和偏旁，写出对应的汉字	20	10
选词填空	选择所给的词语填空，完成句子	15	15
句子排序	将打乱顺序的一段话正确排列	5	10
阅读理解	阅读短文，选择正确的答案	10	20
（1）	将打乱顺序的词语组合成完整的句子	5	10
（2）	用所给的词语描述图片的内容	5	10
作文	根据所给题目和所给的提示词写一段话	1	25
总计		61	100

80. （1）的题型是_____；（2）的题型是_____。

    A. 组合句子　描述图片　　　　B. 词语排序　描述图片
    C. 连词成段　看图写话　　　　D. 连词成句　看图写话

81. 下表是该学院两个班各11名学生的期末考试成绩：

六班	48	60	66	70	73	75
	76	79	86	94	98	
七班	68	70	70	72	74	75
	77	77	78	80	84	

    两个班的成绩的平均数都一样，都是75分，那么两个班学生的汉语水平的波动程度是否一样？

    A. 六班比七班波动幅度大　　　　B. 七班比六班波动幅度大
    C. 六班和七班一样　　　　　　　D. 无法比较

82. "该测试采用团体纸笔测验的方式，考查和情境相关的技能和材料，尽量避免过去知识经验的影响。测试题目多为多选题。"这一描述是哪一种测试？

    A. 成绩测试　　　　　　　　　B. 诊断测试
    C. 学能测试　　　　　　　　　D. 水平测试

83. 下列关于信度的描述**不正确**的一项是：

    A. 信度是指测验结果的一致性、稳定性及可靠性，信度系数愈高即表示该测验的结果愈一致、稳定与可靠
    B. 随机误差对信度没什么影响，因为随机误差是偶然的，是由于分析过程中受到种种不稳定随机因素的影响而产生的
    C. 信度分析常用的四种具体方法为重测信度、复本信度、分半信度及α信度系数法
    D. 信度主要回答测量结果的一致性、稳定性和可靠性问题；效度主要回答测量结果的有效性和正确性问题

第 84－89 题

> A：你买的这是什么呀？
> B：是信纸、信封和贺卡。我这次足足买了一盒子呢。新年到了，我打算给我每个朋友都寄一封信和一张贺卡，送去我的思念。
> A：你怎么不用电子邮件呢？电子邮件又快又方便，还不用纸，比较环保。
> B：你说得对。但是我觉得朋友看到我的字会更亲切。
> A：那你也可以视频通话啊，这样你的朋友不仅可以听到你的声音，而且可以看到你的样子，和见面一样。
> B：这个想法也不错。不过，有时候有很多感激的话不好意思说出来，但是把这些话写在纸上就没问题。
> A：听你这么一说，我也想给朋友们寄信了。对了，一般信上都写些什么话呢？
> B：这个不一定，<u>什么都可以写</u>。只要是你想告诉朋友的事情，都可以写在信上。
> A：听起来很不错。我决定了，我现在就去买一些信纸，你能教我怎么写吗？
> B：没问题。
> A：谢谢你。
> B：不客气。

84. 生词的讲解应该详略得当，下列生词适合详细讲解的是：
    A. 打算   B. 信纸
    C. 信封   D. 电子邮件

85. 以下词语，**不适合**用直接法讲解的是：
    A. 信纸   B. 信封
    C. 不过   D. 贺卡

86. 在讲解"足足买了一盒子"中"足足"的用法时，使用下列哪种方法最有效？
    A. 下定义法   B. 直接法
    C. 联想法   D. 设置语境法

87. 针对本口语课功能项目的练习，下列**不属于**任务型练习形式的是：
    A. 让学生去商店买信纸和贺卡，然后仿照课文完成对话
    B. 布置作业，让学生抄写生词并且背诵课文
    C. 将学生两两分组，分角色完成对话练习
    D. 让学生将所学的生词运用到生活场景中，然后写一段对话

88. 教师在讲解语法点"又……又……"时领读了下面的句子:"我爱我的学校。我们的教室又大又干净,宿舍又温暖又安静,食堂的饭菜又便宜又好吃。"教师这样做的主要目的是:
   A. 示范词语的发音　　　　　　　B. 扩展词语的用法
   C. 练习词语的认读　　　　　　　D. 进行词语的替换

89. 下列为本课画线句中的"什么"设计的例句中,**不太合适**的是:
   A. 今天是你的生日,你想买什么都可以。
   B. 什么都可以吃,除了凉的东西。
   C. 到了睡觉的时候,头就开始疼,什么药也治不好。
   D. 丁荣微笑着,正在和旁边的雯雯说着什么。

第90—93题

> 2017年,文化类综艺节目发展如日中天,不少电视台纷纷推出了自家的文化类综艺节目。其中中央电视台的《中国诗词大会》备受关注。此节目以"赏中华诗词,寻文化基因,品生活之美"为宗旨,邀请全国各个年龄段、各个领域的诗词爱好者共同参与诗词知识比拼,在全国掀起了一场"诗词热"。16岁小姑娘武亦姝在《中国诗词大会》中一举夺冠,凭借不俗的实力和沉着稳定的心态给观众留下极深印象。其中,让武亦姝一战成名那次的飞花令主题字是"月"字,武亦姝说出"明月几时有,把酒问青天"之后,被提醒这句诗重复了。武亦姝没有惊慌,还微笑着脱口而出《诗经》里《七月》的名句"七月在野,八月在宇,九月在户,十月蟋蟀入我床下",一句诗里包含四个"月"字。此次比赛过后,大家不仅对《诗经·七月》中的名句记忆深刻,同时也激发了国民朗读《诗经》的浓厚兴趣。

90. 根据音乐的不同,《诗经》分为《风》《雅》《颂》三部分。其中以恋爱、婚姻、劳动为主要题材,以各地民歌方式呈现的是:
   A.《风》　　　B.《大雅》　　　C.《颂》　　　D.《小雅》

91. 《诗经》是我国第一部诗歌总集,主要收录自西周初年到春秋中叶五百多年的诗歌,收录的诗歌总数是:
   A. 306篇　　　B. 315篇　　　C. 305篇　　　D. 300篇

92. 《诗经》中的《颂》主要是宗庙祭祀的乐歌,主要分为:
   A.《商颂》《鲁颂》《秦颂》　　　B.《鲁颂》《商颂》《周颂》
   C.《秦颂》《楚颂》《周颂》　　　D.《鲁颂》《齐颂》《楚颂》

93. 《诗经》在中国文学史上具有崇高的地位。下列关于《诗经》的说法**不正确**的一项是：

　　A. 《诗经》是我国第一部诗歌总集，后来被道家奉为经典

　　B. 《诗经》中的"六义"指的是赋、比、兴、风、雅、颂

　　C. 《诗经》与以《离骚》为代表的《楚辞》合称为"风骚"，代表了我国古代早期诗歌所达到的高度

　　D. 《诗经》中的《雅》按照音乐布局又可分为《大雅》和《小雅》，其中《大雅》31篇，《小雅》74篇

第94－96题

> 2017年9月20日，"中秋博饼旅游嘉年华"活动在福建厦门隆重开幕。"博饼"是闽南地区独有的中秋传统活动，代表了闽南地区独有的月饼文化。活动采用六粒骰子投掷结果组合来决定参与者的胜负，奖品为大小不同的月饼，第一名可获得"状元饼"。这次嘉年华活动将厦门特有的中秋月饼文化与旅游元素相结合，开展了五大主题及五大配套活动。其间还举行了百名旅行商踩线活动。来自日本、马来西亚、泰国、越南、菲律宾和印度尼西亚等国家以及我国港澳台地区的近百名旅行商开展了以厦门为核心的采风踩线活动，共同感受中华中秋文化。

94. 农历八月十五这一天，南北方都有吃月饼的习俗，月饼最初是用来做什么的？

　　A. 馈赠亲友的礼物　　　　　　B. 祭奉月神的祭品

　　C. 节日食品　　　　　　　　　D. 地方小吃

95. 关于中秋节，古代文人墨客留下了很多名句。以下这些诗句哪一句和中秋节**不相关**？

　　A. 此时瞻白兔，直欲数秋毫。

　　B. 落木千山天远大，澄江一道月分明。

　　C. 嫦娥应悔偷灵药，碧海青天夜夜心。

　　D. 今夜月明人尽望，不知秋思落谁家。

96. 以下哪一项**不属于**中秋节传统民间习俗？

　　A. 玩儿兔儿爷　　B. 吃月饼　　C. 饮桂花酒　　D. 踩高跷

第 97—100 题

2016年9月4日至5日G20峰会在中国杭州召开。此次峰会不仅对建设开放型经济有重大影响，同时也为中国书法走向世界提供了契机。杭州市政府此次在萧山机场布置了"欢迎墙"迎接各国政要。"欢迎墙"由不同国家语言中的"欢迎"组成，并且是用中国书法不同书体书写的。各国政要夫人也表现出对中国书法的极大兴趣，纷纷学习中国书法，感受中国书法的魅力。

欢迎墙

97. 最早把书法作为一个专门学科，纳入艺术和技能之列，开创书法教学先例的朝代是：
   A. 东晋　　　　B. 宋代　　　　C. 周代　　　　D. 唐代

98. 在中国书法史上，楷书、隶书、篆书、行书、草书等书体出现的时间是不同的，按照不同书体出现时间的先后顺序，下列选项排列正确的是：
   A. 篆书、隶书、楷书、草书、行书
   B. 隶书、篆书、楷书、草书、行书
   C. 篆书、楷书、隶书、行书、草书
   D. 篆书、隶书、楷书、行书、草书

99. 王羲之是东晋时期著名的书法家。他的书法作品摆脱了汉魏笔风，自成一家；风格平和自然，笔势遒美健秀。他的代表作《兰亭序》被称为：
   A. 天下第一草书　　　　B. 天下第一隶书
   C. 天下第一行书　　　　D. 天下第一楷书

100. "宋四家"是中国北宋时期四位书法家苏轼、黄庭坚、米芾和蔡襄的合称。这四个人大致可以代表宋代的书法风格，其中开创"尚意"文风，居"宋四家"之首的是：
   A. 蔡襄　　　　B. 黄庭坚　　　　C. 米芾　　　　D. 苏轼

第三部分 综合素质

本部分为情境判断题，共50题。

第101—135题，每组题目由情境及随后的若干条与情境相关的陈述构成。每条陈述都是对情境的一种反应，包括行为、判断、观点或感受等。请先阅读情境，然后根据你对情境的理解，判断你对每条陈述的认同程度，并在答题卡上填涂相应的字母，每个字母代表不同的认同程度。说明如下：

A	B	C	D	E
非常不认同	比较不认同	不确定	比较认同	非常认同

例题：

> 杨老师刚到悉尼的一家孔子学院工作，她的学生都是六七岁的小朋友。在同事的帮助和指导下，杨老师备好了前几堂课。第一次课的内容是向学生们介绍中国的国旗、国徽和国歌。当她在课上播放完《义勇军进行曲》之后，小朋友们都觉得这首歌非常"cool"和"powerful"，要求杨老师教他们唱，这让杨老师十分意外。

面对这种情况，如果你是杨老师，请你给出对下列陈述的认同程度：

1. 答应学生的要求会打乱自己的教学安排，而且作为新老师，开展事先没有准备的教学活动可能会力不从心。
2. 难得学生表现出了对课堂内容的强烈兴趣，应满足他们的要求，并利用这个机会，更深入地介绍中国的国旗、国徽和国歌。
3. 告诉学生之后的课会安排教唱中国国歌，课后向有经验的同事或者领导请教，听取他们的建议。
4. 给学生发放音频资料，让学生利用课余时间自行学习，这样既不打乱教学安排，又能满足他们的要求。

作答示例：若你对第1题的陈述比较不认同，则选择B；若对第2题的陈述比较认同，则选择D；若对第3题的陈述非常不认同，则选择A；若对第4题陈述的认同程度介于"比较不认同"和"比较认同"之间，则选择C。各题之间互不影响。

第101—104题

> 王老师在法国的一所孔子学院工作。王老师根据自己学外语的经历，觉得应该给外国学生创造一种说汉语的环境。所以王老师坚持在课堂上全程用汉语教学，不用第二语言辅助。他第一节课就告诉学生："我可以说法语，但是你们已经有说法语的老师讲语法、生词和课文。我是中国的老师，在课堂上，我应该说汉语。"但是第一节课一下课，马上就有一个年龄比较大的学生表示，对于王老师的汉语讲解，他觉得理解起来非常困难，希望王老师用法语解释语法和生词。

面对这种情况，如果你是王老师，请你给出对下列陈述的认同程度：

101. 应该尊重学生的意见，以后上课就用法语进行解释。
102. 向学生说明自己这样做的目的，坚持自己的教学原则，让学生来适应自己的风格。
103. 只有一个学生提出了意见，不代表所有人都这样想，可以不予理会。
104. 可以用法语辅助教学，但是在教学中还是尽量多用简单的汉语短句和低难度的汉语词汇来讲解。

第105—108题

> 杨老师在国内一所高校教授零起点学生的综合汉语。一个学生很积极，上课总能说出一些没有学过的生词或句子，还经常在课堂上提出对教材的质疑，认为所用的教材不贴近生活，一点儿也不实用。杨老师问他为什么，他说是他的中国朋友告诉他的，他觉得他的中国朋友说得很对。他还告诉杨老师，他的中国朋友经常教他一些地道的口语表达，让他在和别人交流时很有面子。

面对这种情况，如果你是杨老师，请你给出对下列陈述的认同程度：

105. 肯定他的学习热情和能力，鼓励他多和中国人交流。
106. 告诉该学生他的中国朋友不懂怎么教汉语，要听老师的话。
107. 适当对教材进行一点儿改进，加入一些贴近生活的句子或者话题，增强教材的实用性。
108. 告诉学生只学习一些地道的口语和技巧，只能获得大家一时的赞叹，应该跟着老师的节奏走，打好基础。

第 109－111 题

> 刘老师是一位刚入职的某高校对外汉语教师。他喜欢每节课都多教学生一些中文，因为害怕讲不完计划好的内容，有的时候有个别学生说话，他也会继续讲课。几次课下来，学生说话的声音越来越大，甚至有同学在课堂上嬉戏打闹。

面对这种情况，如果你是刘老师，请你给出对下列陈述的认同程度：

109. 当学生说话的时候，应该及时制止他们，告诉他们"停下来""别说话"等等。

110. 制止学生不仅浪费时间，而且可能会引起矛盾，所以只要不太过分就不用管他们。

111. 给那些说话和捣乱的学生一些处罚，如让他们站到教室外边或者用中文写检查。

第 112－115 题

> 陈老师在美国的一所孔子学院任教。一次阅读课上，陈老师让大家先用一两句话概括每一个段落的意思，然后再做课后的练习题。刚布置完任务，班上一个叫 Bob 的男生就站起来说："老师，我觉得做这个没有用，不想做。"

面对这种情况，如果你是陈老师，请你给出对下列陈述的认同程度：

112. 课堂时间非常宝贵，不应该浪费在一个学生身上，他不想做就不做吧。

113. 既然学生提出了质疑，那就不做这个任务了，让学生仍然按照原来的方法做练习。

114. 向学生解释这种方法能够帮助他们熟悉课文的叙述方式，锻炼他们的总结能力。

115. 肯定这种方法是有用的，鼓励他先尝试一下，看看效果如何。

第116—119题

> 钱老师今年到泰国的一所华文学校教授高中生汉语。第一节课，钱老师就感觉到很不顺利。学生们在课堂上很不配合，不听课，没有人愿意主动回答问题，甚至还有学生一整节课都在睡觉。布置完作业，钱老师听到学生说："布置这么多，以前马老师从来没有留过这么多作业。"经过和同事的交谈，钱老师得知学生们和之前的马老师关系特别好。

面对这种情况，如果你是杨老师，请你给出对下列陈述的认同程度：

116. 不用放在心上，学生需要一个适应的过程，让学生慢慢适应就可以了。
117. 老师自己策划组织一次师生互动活动，增进与学生之间的感情。
118. 和马老师联系，请他帮忙做自己和学生之间的桥梁。
119. 直接告诉学生："马老师已经不教你们了，希望你们能喜欢我这位新老师。"让学生接受这个事实。

第120—123题

> 杨老师刚到俄罗斯的一所大学报到。俄方院长和秘书非常热情，一进门就送了杨老师一束黄白相间的菊花，并且一直问杨老师喜不喜欢，还要找花瓶帮杨老师插起来。杨老师非常尴尬，心里十分不想接受。

面对这种情况，如果你是杨老师，请你给出对下列陈述的认同程度：

120. 学校领导表示出对自己的关心和喜爱，尽管自己不想接受，但是应该入乡随俗。
121. 直接告诉院长和秘书自己不喜欢菊花，请他们带走。
122. 可以先礼貌地接受，等到他们走后再把花扔掉。
123. 和院长他们沟通，介绍菊花在中国所代表的含义，表达自己的感谢和不想接受的歉意。

第124—127题

> 小刚是赴洛杉矶教中小学的志愿者。在一次教中国各个城市中文名称的课上，有学生表示自己支持西藏独立，不应该把西藏作为中国的一个部分。小刚坚决申明自己的中国立场，强调西藏就是中国不可分割的一部分。该学生非但不接受小刚的观点，还嘲笑小刚已经被中国政府洗脑了。

面对这种情况，如果你是小刚，请你给出对下列陈述的认同程度：

124. 碰到政治敏感问题应该回避，不作回答和解释。

125. 为了不浪费课堂时间，可以先暂时附和学生的观点，停止争论。
126. 严厉地批评该学生，直到他同意自己的观点。
127. 课后可以准备相关资料，下次课再简洁地向学生解释。

第 128—132 题

> 莫老师在美国某中学担任中文教师。班级里有一个叫大卫的男生学习成绩很好，但是不愿意回答问题。莫老师为了鼓励他说话，就点名让他回答问题。但是大卫竟然说："我不喜欢在课堂上回答问题，我可以不回答吗？"莫老师仍坚持让大卫回答问题。没想到大卫竟然说："我在其他老师的课上就可以不回答问题，为什么一定要回答你的问题？"

面对这种情况，如果你是莫老师，请你给出对下列陈述的认同程度：

128. 应该对所有学生一视同仁，不能搞特权，一定要让大卫回答这个问题。
129. 课上可以暂时不让大卫回答，避免正面冲突，课后和大卫直接、真诚地沟通，寻找原因和解决方案。
130. 和其他老师沟通，制定统一的标准，采取一致的行动。
131. 大卫公然挑战老师的权威，应该严厉地批评，并且也可以给其他学生一些提醒。
132. 既然他不愿意回答问题，那么以后就不再提问他了。

第 133—135 题

> 白老师是一位有经验的汉语老师，有一套相对完整、固定和成熟的教学程序和方法。但是在期末的教学评估调查问卷中，有好几位学生表达了这样的意见："白老师每次都布置重写生词的作业，真是太无聊了。""每次都是先讲解生词，然后一定是让我们造句，然后一定是朗读课文。"

面对这种情况，如果你是白老师，请你给出对下列陈述的认同程度：

133. 这些学生在期末评估时这样评价我，让我太没面子了，真让我失望。
134. 找这些学生谈话，征求他们的意见，改进自己的教学方法，调整自己的教学程序，寻找适合学生的上课模式。
135. 告诉学生这样反复操练有利于他们掌握知识点，应该继续坚持。

第136—150题，每题由一个情境和四个与情境相关的陈述构成，每个陈述都是对这个情境的一种反应，包括行为、判断、观点或感受等。请先阅读情境，再根据你对情境的理解，从ABCD四个陈述中选出你认为在此情境下最为合适的反应。

例题：

> 李敏在日本一所学校教汉语，刚到日本时，她选择与一位日本同事合租公寓。日本对垃圾分类有严格的要求，虽然李敏很注意垃圾的分类，但由于之前并没有这方面的经验，所以还是经常弄错，甚至导致邻居投诉，室友也多次因此事指责她，言语之间甚至认为李敏没有素质。

根据上述情境，如果你是李敏，请你给出最为合适的选择：

A. 无须多解释，自己努力学习如何处理垃圾，在不与室友和邻居发生冲突的情况下解决问题。

B. 主动向室友和邻居道歉，说明原委，并向室友寻求帮助，向她学习垃圾分类的方法。

C. 鉴于和室友以及邻居目前的关系不太好，还是尽快找中国同事合住，以便度过适应期。

D. 被室友和邻居误解太没面子了，须尽快从中国同事那里学习垃圾分类的技巧。

答案：B

第136题

> 李老师被派遣到罗马尼亚一所孔子学院教授高级班汉语。李老师很珍视这次机会，事先精心准备了PPT。为了增强趣味性，李老师还准备了与课文相关的视频让学生在课上观看。前面的课文讲解进行得很顺利，可是在播放视频时，音响设备突然出现了故障，没有任何声音。学生们焦急地看着李老师，有的学生开始窃窃私语。

根据上述情境，如果你是李老师，请你给出最为合适的选择：

A. 第一时间联系设备维修人员维修，等待的时间让学生朗读刚学过的课文。

B. 既然设备出现了问题，那就不让学生观看这个视频了。

C. 允许学生休息10分钟，自己去找管理人员申请调换教室。

D. 调整教学内容，将视频演示的内容推迟到下一次课进行。

第 137 题

> 许老师在越南的一所私立中学担任中文教师。几次课下来，他发现一个叫尤夫的学生总是在课堂上看手机，有时还会偷偷地笑。许老师批评了他，不允许在上课时玩儿手机，但是他马上说自己不是在玩儿手机，而是借助手机上的翻译软件来学习汉语。

根据上述情境，如果你是许老师，请你给出最为合适的选择：
A. 让他在课前做好预习工作，课堂上不能再使用手机。
B. 睁一只眼闭一只眼，只要不发出太大的声音，不会影响其他同学，就不管他了。
C. 应该反思学生是不是因为自己的教学内容太过无趣才会玩儿手机，从而适当地调整自己的教学内容和方法。
D. 询问尤夫的同桌，搞清楚尤夫是在学习汉语还是在玩儿手机。如果在玩儿手机，就严厉地批评他。

第 138 题

> 小王是一名热爱中文教育的年轻教师。经过朋友介绍，他到了巴基斯坦的一所私立学校教授中文。巴基斯坦是一个信奉伊斯兰教的国家，小王所在的学校规定师生每天上课前都要做祈祷。小王认为自己是无神论者，所以拒绝做祈祷。但是校长说，所有的老师必须做祈祷，否则就不能在这个学校任教。

根据上述情境，如果你是小王，请你给出最为合适的选择：
A. 既来之则安之，来到了这里就入乡随俗吧。
B. 和校长理论，坚持自己的原则和无神论观点，不能作出妥协。
C. 向当地大使馆寻求帮助，由他们出面和校方进行沟通。
D. 这个学校不适合自己，还是辞职再找别的学校吧。

第139题

> 小张是一个年轻的志愿者，通过了选拔考试，顺利来到英国某中学教汉语。她跟一位英国同事露西合住在学校的公寓里，开始的时候，她们相处得很好。可是小张喜欢整齐，露西比较随意，东西喜欢随便放。小张心里有点儿不满意，碍于情面不好意思说出来。她每次都在露西的面前打扫房间，可是露西并不在意，小张很是沮丧。

根据上述情境，如果你是小张，请你给出最为合适的选择：

A. 直接和露西进行沟通，告诉她自己喜欢整齐，希望她以后能够注意。

B. 直接和露西说会伤了她的面子，还是自己多干一点儿吧。

C. 只打扫自己的房间，时间长了，露西自己就会明白的。

D. 告诉露西别的同事的宿舍都收拾得非常干净，暗示自己的不满。

第140题

> 小吕作为一名交换生刚来到柬埔寨。一天，小吕在公园里玩儿，一个柬埔寨的小男孩儿主动和他打招呼。小吕很高兴，和小男孩儿聊了会儿天儿。小男孩儿临走的时候，小吕觉得他太可爱了，就拍了拍他的头。没想到，小男孩儿很是惊慌，哭着跑了。

根据上述情境，如果你是小吕，请你给出最为合适的选择：

A. 不知者无罪。我就是觉得他太可爱了，很喜欢他。我这样做不是故意的，他不应该有这么大反应。

B. 我触犯了柬埔寨摸头的禁忌，应该向那个小男孩儿和他的父母道歉。

C. 在中国，这都不是什么大事，我不用太在意。

D. 这些都是宗教迷信，我没必要相信这一套。

第 141 题

> 晓丽是广西一所大学的毕业生，今年通过了选拔考试，顺利地成为一名赴新西兰的志愿者。她只身一人到新西兰南部的一所中学任教，满怀期待。但是当她抵达机场时，发现学校人员十分冷漠，在从机场到学校的 6 个小时的路途中，他们几乎不和晓丽交谈。她几次想打破沉默，但是觉得对方并没有和自己交谈的意思。到了学校，接待人员把她领到一个小房间里就走了。房间里只有一个硬板床，没有任何家具，也没有任何生活用品。晓丽没有当地的钱币，也没有朋友，她不知道自己在异国他乡应该如何度过。

根据上述情境，如果你是晓丽，请你给出最为合适的选择：
A. 新西兰人真是太冷漠了，他们不想搭理我，那我以后也少搭理他们吧。
B. 我是不是哪里得罪他们了，我要找他们问清楚。
C. 这可能是他们对待陌生人的方式，我不必放在心上。
D. 我应该主动地和他们沟通交流，积极地去适应，尽快融入其中。

第 142 题

> 范老师在韩国的某高校教汉语。他班里的学生有二十几岁的大学毕业生，也有年逾古稀的退休老教授。第一次上课，范老师按照一般的上课习惯进行点名。他按照平常的习惯直接叫学生的名字，但是他发现叫到那些老教授的名字时，老教授们都很不自然地微笑。下课后，一位年轻的学生告诉范老师，不能直接叫老教授的名字，应该喊"教授"或者"老师"。

根据上述情境，如果你是范老师，请你给出最为合适的选择：
A. 向老教授们道歉，接受年轻学生的建议，以后叫"老师"或者"教授"。
B. 这是搞特殊化，对所有学生都要一视同仁，还是直接叫名字吧。
C. 我是这节课的老师，我想怎么叫就怎么叫。
D. 韩国人的等级观念太严重了，迫于压力我还是接受吧。

第 143 题

> 陈老师在纽约的一所私立中学教汉语。他的班上有一个学生很聪明，但是经常开小差。陈老师按照国内的习惯，经常提醒他认真听讲，并且会提问他，会多给他一些机会练习。可是，这个学生很快流露出不满的情绪，有时候还会拒绝回答陈老师的问题。一次上课时，陈老师又一次提醒他注意听讲，他站起来大声地说："你是不是不喜欢我？为什么一直针对我？"

根据上述情境，如果你是陈老师，请你给出最为合适的选择：

A. 这个学生不识好歹，太令人失望了，以后我再也不关心他了。

B. 这个学生不仅不认真听课，还顶撞老师，我要交给学校处理，让他向我道歉。

C. 反思自己的做法，美国学生希望老师平等对待每个人，不喜欢过分的关心。我应该和他好好儿沟通，化解这个误会。

D. 明确地告诉他，在中国，老师只有喜欢这个学生，才会更加关注他，他应该感到高兴。

第 144 题

> 高老师在印度尼西亚的一所小学担任汉语教师。她任职期间，一直任劳任怨，学生们都很喜欢她。可是在学期末，高老师收到了家长们的投诉。校长告诉高老师，家长们向学校抱怨说他们的孩子在家从来不说汉语，他们一点儿也不了解孩子在学校的学习情况，很怀疑高老师的教学能力。高老师在学校课时量是最多的，学期计划和教案每天都按时交上去了，对孩子们的学习尽心尽责，并且孩子们都很喜欢自己。高老师觉得自己很委屈。

根据上述情境，如果你是高老师，请你给出最为合适的选择：

A. 那些家长不懂汉语，他们不了解真实情况就投诉我，和他们讲不清楚，我就自认倒霉吧。

B. 我应该向校长展示自己的教学成果和教学资料，证明我的能力，由他出面和家长澄清事实。

C. 召开一个家长会，在家长会上做一个教学报告，让家长切身感受自己的教学能力，消除误会和质疑。

D. 和学生直接沟通，让他们回家告诉父母自己的教学成绩。

第 145 题

> 安德鲁是美国人,现在在中国工作。上周末,他在街上碰到了他的中国同事小丁。他们热情地打了招呼,聊了会儿天儿。临走的时候,小丁热情地邀请安德鲁有空的时候去他家里玩儿。这个周末安德鲁没有事情做,想起了小丁的邀约,于是就高兴地去了小丁家。还在家里睡觉的小丁对安德鲁的突然到来感到非常意外,匆忙地接待了他。事后,安德鲁听说小丁对他颇有微词,觉得他很失礼。

根据上述情境,如果你是安德鲁,请你给出最为合适的选择:

A. 既然是小丁邀请我的,是他自己没有安排好时间,不应该责怪我无礼。

B. 我可能去得不是时候,打扰了小丁睡觉,他没做好接待我的准备。

C. 小丁不是诚心邀请我,是客气话,我却当真了,我真是蠢。

D. 小丁觉得我没有提前跟他说就去他家,生我的气了,我要向他道歉并解释原因。

第 146 题

> 罗老师赴柬埔寨教授中级班汉语。考虑到是中级班,具备一定的汉语水平,罗老师按照以往的经验准备了第一节课的内容。但是课上罗老师发现学生们的水平参差不齐,相当一部分学生的水平还停留在初级阶段。罗老师很是头疼,不知道该不该继续。

根据上述情境,如果你是罗老师,请你给出最为合适的选择:

A. 不再继续讲授备课的内容,可以带领学生进行一些汉语小游戏,更加深入地了解学生的情况。

B. 控制自己的语速,降低词汇难度,多用短句,多重复,并且使用肢体语言进行辅助。

C. 暂时先不管那些听不懂的同学,按照进度把第一节课上完。

D. 向学校反映该情况,让他们给自己调换班级。

第 147 题

> 小方在泰国担任汉语教师，由于所住的宾馆离学校有点儿远，所以学校派了一辆专车每天接送小方上下班，并负责节日活动的接送。但是这位专车司机经常不守时，给小方添了不少麻烦。刚刚到泰国的第一天，小方作为代表要去市政厅彩排开幕式，说好八点出发，结果九点半司机才来。在开幕式当天，本来定好七点准时出发，结果司机八点才过来，而且还是小方不断给各方人员打电话催促后司机才来的。之后，便是每天的上课，司机每隔一两天就会迟到一次，使得每次上课都不能按时完成，出现学生等老师的情况。为此，小方感到很生气。

根据上述情境，如果你是小方，请你给出最为合适的选择：
A. 向上级领导反映情况，希望领导能出面给司机压力。
B. 责备专车司机，质问他为什么迟到，要求他以后能够守时。
C. 泰国人的时间观念不强，应该入乡随俗，慢慢习惯就好了，不必生气。
D. 和司机沟通，向他说明中国人很强调守时，一般情况下还会比约定的时间提前到，希望司机能够尊重自己的时间观念。

第 148 题

> 小林作为志愿者被分到了罗马尼亚的一所孔子学院。小林的课都在晚上，而且住的地方距离上课的地方很远，每晚都得自己打车上下班。小林每天下班回家的时候都很害怕，久而久之，她变得很焦虑，甚至有点儿抑郁。她平时就是一个内向害羞的姑娘，给家人打电话的时候喜欢报喜不报忧。父母问起她在罗马尼亚的生活时，她也不愿意倾诉她的苦恼。小林很长时间都睡不好觉，每天上课也提不起精神，只想着能早日回国。

根据上述情境，如果你是小林，请你给出最为合适的选择：
A. 及时向所在学校或孔子学院提出申请，把自己的课程安排在白天进行，或者有其他教师陪同。
B. 不再自己扛着，和家人、朋友联系，诉说自己的烦恼，从家人和朋友那里得到安慰和鼓励。
C. 租一个离学校近一点儿的公寓，这样上下班就方便了。
D. 寻求心理医生的帮助，尝试和外向的同事交朋友，尽快融入罗马尼亚的生活。

第149题

> 秦老师在土耳其的一所孔子学院担任汉语教师。班里有一个叫赵安的学生，学习一直很努力。但是最近秦老师发现赵安在汉语课上表现不佳，好几次竟然睡着了，布置的作业也没按时完成，单元测试的成绩也不是很好。秦老师心里十分着急，一次汉语课下课后，他向赵安了解了情况，才得知现在是斋戒月，赵安是虔诚的穆斯林，每日清晨4点起身膜拜吃早餐，傍晚7点才可进食，他的生活作息有了巨大变化，无法专心上课和写作业。然而，斋戒月为期近30天，秦老师不想让赵安以这种状态学习，但也不能阻止赵安进行斋戒活动。

根据上述情境，如果你是秦老师，请你给出最为合适的选择：
A. 尊重他的宗教活动，在课后力所能及地给他提供更多的学习辅导和帮助。
B. 和赵安沟通，让他放弃斋戒，照顾好身体才是最重要的。
C. 宗教问题过于敏感，还是少触碰比较好，免得惹来麻烦。
D. 让赵安回家休息一段时间，等过了斋戒月再来学校好好儿学习。

第150题

> 詹姆斯和小郑是好朋友，他们经常一起学习，周末还会一起出去玩儿。快期末考试了，他们结伴儿一起在学校复习。有一天，他们在一起学习时，詹姆斯说想去买一杯咖啡。他问小郑要不要帮忙带一杯，小郑说不需要。当詹姆斯回来的时候，他发现小郑正在看他的笔记。詹姆斯当时很不开心，但没有立即说出来。这件事发生以后，詹姆斯不想再和小郑一起学习了，但是小郑还是每天来叫他一起去复习。

根据上述情境，如果你是詹姆斯，请你给出最为合适的选择：
A. 直接告诉小郑自己知道他偷看笔记的事情，让小郑难堪，并且告诉他自己不愿意再和他一起学习了。
B. 将小郑偷看自己笔记的事情告诉其他人，让其他人也一起孤立小郑。
C. 和小郑聊天儿，告诉他，笔记属于私人物品，需要征得同意才可以看。
D. 找其他的朋友一起复习，尽量不和小郑碰面。

《国际中文教师证书》考试

仿真预测试卷三

注 意

一、本试卷分三部分：

    1. 基础知识 50 题

    2. 应用能力 50 题

    3. 综合素质 50 题

二、请将全部试题答案用铅笔填涂到答题卡上。

三、全部考试约 155 分钟（含 5 分钟填涂答题卡时间）。

第一部分 基础知识

第1—6题

> 月落乌啼霜满天，江枫渔火对愁眠。
> 姑苏城外寒山寺，夜半钟声到客船。

1. 这首诗用了什么样的修辞格？
   A. 对偶和映衬　　B. 对比和层递　　C. 对比和映衬　　D. 对偶和层递

2. 最后两句中出现了多少个音位/ə/的变体？
   A. 1个　　　　　B. 2个　　　　　C. 3个　　　　　D. 4个

3. "钟""城"这两个字的声母在发音上有什么区别？
   A. 发音部位不一样　　　　　　　B. 声带振动与否不一样
   C. 呼出的气流强弱不一样　　　　D. 形成和解除阻碍的方式不一样

4. 按照韵母的组成成分，下列哪个字与"对"的韵母类型一致？
   A. 愁　　　　　B. 天　　　　　C. 山　　　　　D. 到

5. 下列造字法相同的一组是：
   A. 月、到　　　　　　　　　　　B. 乌、落
   C. 夜、愁　　　　　　　　　　　D. 火、寺

6. 关于"江"的形体演变顺序，下列哪一个是正确的？

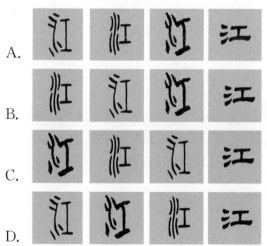

7. 下列哪个词中"落"的意思与"落伍"中的"落"一样？
   A. 名落孙山　　　　　　　　　　B. 落花流水
   C. 不落痕迹　　　　　　　　　　D. 大权旁落

第 8－12 题

8. [f]、[ɕ]	9. [tʂ]、[tʂ‘]	10. [tɕ]、[tɕ‘]
11. [m]、[n]	12. [k]、[k‘]	

请从 A－G 中选出与上述国际音标相对应的一项，其中有两个多余选项。

8. ＿＿＿＿
9. ＿＿＿＿
10. ＿＿＿＿
11. ＿＿＿＿
12. ＿＿＿＿

A. 合口呼
B. 塞音
C. 鼻音
D. 塞擦音
E. 擦音
F. 舌面音
G. 双唇音

第 13－17 题

> 下个周末即将迎来今年的母亲节。这次我打算给妈妈买一束①康乃馨，再②送她一条项链。我相信，妈妈收到了我③给她的惊喜，一定会④开心得笑起来。

13. 画线部分①包含几个语素，几个音节？
    A. 1个，3个　　B. 2个，3个　　C. 3个，3个　　D. 3个，1个

14. 下列哪个词与"项链"一词的构词类型相同？
    A. 微笑　　　　B. 丰富　　　　C. 出席　　　　D. 面熟

15. 下列哪一句和画线部分②的句型一样？
    A. 大家一致选他做代表。　　B. 我去图书馆借书。
    C. 墙上挂着一幅画。　　　　D. 阿姨教过我英语。

16. 下列哪项中的"给"和画线部分③的意义和用法一样？
    A. 他给我们当翻译。　　　　B. 小朋友给老师行礼。
    C. 弟弟把花瓶给打了。　　　D. 这是朋友给的一张电影票。

17. 下列哪项与画线部分④的补语语义类型一样？
    A. 脏得不得了　　　　　　　B. 打死了
    C. 写得不好　　　　　　　　D. 坚持得下去

第 18—24 题

> ①<u>要是以园中的景物对应四季,春天是一径时而苍白时而黑润的小路,时而明朗时而阴晦的天上摇荡着串串杨花</u>;夏天是一条条耀眼而灼人的石凳,②<u>或</u>阴凉而爬满了青苔的石阶,阶下有果皮,阶上有半张被坐皱的报纸;秋天是一座青铜的大钟,在园子的西北角上曾丢弃着一座很大的铜钟,铜钟与这园子一般年纪,浑身挂满绿锈,文字已不清晰;冬天,是林中空地上几只羽毛蓬松的老麻雀。③<u>以心绪对应四季呢?</u>春天是卧病的季节,否则人们不易发觉春天的残忍与渴望;夏天,情人们应该在这个季节里失恋,不然④<u>就</u>似乎对不起爱情;秋天是从外面买一棵盆花回家的时候,把花搁在阔别了的家中,并且打开窗户把阳光也放进屋里,慢慢回忆慢慢整理一些发过霉的东西;冬天伴着火炉和书,一遍遍⑤<u>坚定不移</u>的决心,写一些并不发出的信。还可以用艺术形式对应四季,这样春天就是一幅画,夏天是一部长篇小说,秋天是一首短歌或诗,冬天是一群雕塑。以梦呢?⑥<u>以梦对应四季呢?</u>春天是树尖上的呼喊,夏天是呼喊中的细雨,秋天是细雨中的土地,冬天是干净的土地上的一只孤零的烟斗。

18. 句①这句话蕴含的语义关系是:
    A. 顺承　　　B. 条件　　　C. 假设　　　D. 目的

19. ②处"或"的词性是:
    A. 连词　　　B. 副词　　　C. 代词　　　D. 介词

20. 下列哪句话中的"呢"与句③的"呢"所表达的功能相同?
    A. 你来的时候,我正睡觉呢。
    B. 这事,谁能不知道呢?
    C. 北方的雪下得才叫大呢!
    D. 要是他不想去呢?

21. ④处"就"表达的意思是:
    A. 很短时间内　　　　　　B. 假设的让步
    C. 前后事情紧接着　　　　D. 在某种情况下自然怎么样

22. 与文中⑤处"坚定不移"整体结构相同的四字格是:
    A. 众口难调　　B. 了如指掌　　C. 心旷神怡　　D. 侃侃而谈

23. ⑥处的问句属于:
    A. 设问句　　　B. 反问句　　　C. 选择问句　　D. 是非问句

24. 本段文章主要采用了什么样的修辞手法?
    A. 明喻　　　　B. 借喻　　　　C. 暗喻　　　　D. 反喻

第 25—29 题

请从 A—G 中选出与空白处对应的一项，其中有两个多余选项。

(1) 哥哥—年长的男性
    妹妹—年幼的女性
(2) 哥哥—［男性］［平辈］［年长］［亲属］
    妹妹—［女性］[平辈］[年幼］[亲属］
(3) 哥哥—［＋男性］［＋平辈］［＋年长］［＋亲属］
    妹妹—［－男性］［＋平辈］［－年长］［＋亲属］

上述过程是 __25__ 的三个步骤。"年长的男性"和"年幼的女性"都是 __26__ ，而"男性""平辈""年长""亲属"等都是 __27__ ，其中"平辈""亲属"是 __28__ ，"男性""年长"是 __29__ 。

25. _____
26. _____
27. _____
28. _____
29. _____

A. 义素分析法
B. 区别特征
C. 构词析义法
D. 义项
E. 共同义素
F. 语义场
G. 区别义素

第 30－34 题

以下是王老师讲授简单趋向补语"来"和"去"的教案节选：

(1) 通过PPT动态过程图示或直接动作演示让学生感知"来"和"去"的含义，并引导学生说出以下句子：

小丽带来一支笔/老师拿来一本书/妈妈回来了。

爷爷给朋友寄去一封信/弟弟回学校去了。

(2) 根据以上例句，让学生发现"来/去"在句中的位置，并总结出以下句式（板书）：

动词＋"来/去"＋普通事物宾语

动词＋处所宾语＋"来/去"

(3) 把"来"或"去"放在下列句子合适的位置上：

我看见他向我走。

小男孩儿向远处的爷爷跑。

老先生取一份报纸看了起来。

30. 王老师让学生根据句子总结出"来/去"在句中的位置，此处运用了：
    A. 演绎法　　　B. 推理法　　　C. 归纳法　　　D. 综合法

31. "姐姐送一个礼物来"是什么类型的偏误？
    A. 添加　　　　B. 错序　　　　C. 替代　　　　D. 遗漏

32. 下列哪项不是趋向补语的引申义表达？
    A. 她渐渐安静下来。
    B. 他突然哭了起来。
    C. 弟弟想出来一个特别好的主意。
    D. 我把朋友的生日礼物寄了过去。

33. 该教案中呈现的语法点适合什么水平的学生？
    A. 初等　　　　　　　　　　　B. 中等
    C. 中高等　　　　　　　　　　D. 高等

34. 这份教案适用于哪种课型？
    A. 口语课　　　　　　　　　　B. 泛读课
    C. 综合课　　　　　　　　　　D. 精读课

第35—40题

中国人非常注重一个人的信誉和诺言。①这种信誉不是靠写在纸上的合同或契约来约束的。一般情况下，他们不喜欢用签合同和立字据的形式来约束自己的行为。中国人认为说过的话就要算数。他们常说，"大丈夫一言既出，驷马难追"②"说出去的话，泼出去的水""一诺千金"。一个人如果说话不算数，在中国，叫作"食言"。食言的人会让别人看不起。如果一个人常常对朋友食言，他就不会有真正的朋友了。中国人和别人相处时非常讲究礼貌，他发现别人做错了或伤害到自己时一般不马上批评别人或立刻③指出来，而是④先暗示他们去认识和改正自己的错误。除非对方太笨或太不知道自爱，中国人很少直接与对方发生冲突。

35. 下列哪项与句①中"来"的意义和用法相近？
    A. 何必来这一套？
    B. 大家来想办法？
    C. 开春以后，农忙来了。
    D. 你又能用什么理由来说服他呢？

36. 句②属于熟语系统中的哪一类型？
    A. 成语　　　B. 谚语　　　C. 歇后语　　　D. 惯用语

37. 下列哪项中的"出来"与③中的"出来"意义不一样？
    A. 把这间屋子腾出来做客房吧。
    B. 一定要把这件事情的真相查出来。
    C. 困在洞中的人们被解救出来了。
    D. 家乡的变化真大，我简直认不出来了。

38. 句④属于下列哪一句式？
    A. 兼语句　　　B. 双宾句　　　C. 主谓句　　　D. 连动句

39. 下列哪项不包含轻声音节？
    A. 主意　　　B. 合同　　　C. 讲究　　　D. 批评

40. 与"心照不宣"意思相近的成语是：
    A. 不言而喻　　B. 志同道合　　C. 同心合意　　D. 心领神会

第 41—45 题

> 德国心理学家柯勒（Wolfgang Kohler，1887—1967）在 20 世纪前期多次以黑猩猩为被试进行学习实验研究。这些研究主要是给黑猩猩设置各种各样的问题，并观察其解决问题的表现。柯勒在实验中发现，在各种相似的情境中，黑猩猩并没有表现出乱动、摸索等尝试与错误的行为，而是对情境进行观察，突然间就把问题解决了，表现出对问题的顿悟。

41. 柯勒的实验体现了以下哪个学习理论？
    A. 认知－发现说　　　　　　　　B. 操作学习理论
    C. 完形学习理论　　　　　　　　D. 尝试－错误学习理论

42. 该学习理论属于哪一流派？
    A. 经验派　　B. 人本派　　C. 功能派　　D. 认知派

43. 关于该学习理论的描述，下列哪项正确？
    A. 认为学习是顿悟和理解的过程
    B. 强调环境对于个体的支配作用
    C. 认为学习是一个循序渐进的过程
    D. 着重研究行为个体的外显行为

44. 下列哪种做法显示了该流派学习理论？
    A. 反复操练，用模仿、重复、记忆的方法形成习惯
    B. 给学生创造轻松的课堂气氛，尽量少纠正学习者错误
    C. 让学生用游戏、即兴表演等活动进行解决问题的学习
    D. 用演绎法讲授词法、句法，让学习者理解并掌握语言规则

45. 以下哪项是认知派的代表性教学法之一？
    A. 直接法　　　　　　　　　　　B. 听说法
    C. 语法翻译法　　　　　　　　　D. 自觉实践法

第 46—50 题

> 克拉申曾说过："任何科学理论都是由一系列的假说组成的。"作为一名长期从事语言习得理论研究的语言教育学家，克拉申从语言习得角度研究第二语言习得和外语教学的原则，并提出一系列关于第二语言习得的理论。

46. 克拉申输入理论的基础是：
    A. 监控假说　　　　　　　　　　B. 输入假说
    C. 自然顺序假说　　　　　　　　D. 习得与学习假说

47. 根据克拉申的输入假说,"i+1"指的是:
   A. 强制输入   B. 强制输出
   C. 可理解性输入   D. 可理解性输出

48. 以下哪项**不属于**"i+1"式的语言?
   A. 中介语   B. 洋泾浜
   C. 保姆式语言   D. 教师语言

49. 学习者由于情感对输入的语言信息进行过滤,从而造成语言堵塞,形成屏蔽效应。这是从什么角度探讨情感过滤的成因?
   A. 心理   B. 认知   C. 个体特征   D. 社会文化

50. 下列哪项是屏蔽效应形成的外在因素?
   A. 学习态度   B. 交际压力
   C. 认知特点   D. 对目的语的认同

第二部分 应用能力

第51—55题

课堂活动——语音解密

◇ 活动准备：制作密码本

3441 今	4412 是	2243 说	1210 天	1041 多
4044 不	4244 你	4012 学	2242 小	2230 都
1230 汉	2240 人	3440 好	4241 会	4240 生
3410 想	1144 我	3342 和	1233 很	1242 语

◇ 活动步骤：

1. 将全班学生分成几组，发给每组一份密码本。
2. 教师读"杯子、饭店、水果、米饭、姐姐、同学、星期、衣服、中国、大人、裤子"等音节，学生听后根据这些词语的某一特征记录"10－44－33－34－30－22－11－10－12－42－40"等数字。
3. 学生通过老师读的顺序将数字排序，并找出与数字序列对应的汉字，写出完整的句子并读出来。完成速度快并且准确率高的一组获胜。比如"1144－4241－2243－1230－1242"对应"我会说汉语"。

---

51. 根据活动步骤1和2的提示，该活动的主要目的是什么？
    A. 认汉字　　　B. 读音节　　　C. 辨音节　　　D. 听声调

52. 以上活动最适合下列哪个水平的学生？
    A. 能使用一些非常简单的汉语词语和句子
    B. 能用汉语就日常生活话题进行简单的交流
    C. 能用汉语完成生活、学习等方面的基本交际任务
    D. 能用汉语就比较抽象的话题进行讨论

53. 有很多学生发不准拼音 e，某位老师将这个难点问题暂时搁置，留到音节拼读阶段再来解决。这位老师的做法体现了语音教学的哪个原则？
    A. 温故知新　　　B. 分期分批　　　C. 示范为主　　　D 突出难点

54. 在实际操作中，某位老师解释活动规则的用语比较复杂，导致很多学生不明白活动要求。下面哪种处理方式**不合适**？
    A. 请听明白的同学帮忙解释　　　B. 先给学生们示范一遍
    C. 用简单一点儿的语言解释　　　D. 以后再进行这个活动

55. 为了达到"组内异质，组间同质"的分组效果，老师应该：
    A. 让坐得近的学生自然形成一组
    B. 让学生自由选择组员
    C. 让有差异的学生在一组
    D. 让抽到相同卡片的学生在一组

第 56—60 题

> 学生小赵在为正式教课做准备。他翻阅了教材之后觉得没什么好准备的，况且教材有配套的课件和教案，虽然不够详细，但也够用了。他打算上课时先领读一遍生词，再让学生自己读一遍，纠正一下发音，然后问几个问题，如果学生有不懂的地方就解释一下，之后讲讲语法，让学生表演课文中的对话，这节课就算完成了。

56. 新学期开始之前，下列哪一项是合适的备课顺序？
    A. 了解学生情况－了解教学计划－仔细阅读教材－确定教学重点难点－撰写教案
    B. 了解学生情况－了解教学计划－仔细阅读教材－撰写教案－确定教学重点难点
    C. 仔细阅读教材－确定教学重点难点－撰写教案－了解学生情况－了解教学计划
    D. 仔细阅读教材－确定教学重点难点－了解学生情况－了解教学计划－撰写教案

57. 关于备课，下面哪种说法**不正确**？
    A. 整个教学的教学目标应该是多层次的
    B. 相同教学内容的教案可以直接拿来用
    C. 教学目标能帮助师生了解教学要达到的效果
    D. 教学重点是根据学生水平和教学目标确定的

58. 小赵在备课时想整理一下教材中出现的虚词的意义和用法。下面哪本参考书关于虚词的研究最全面？
    A. 周小兵《对外汉语教学入门》
    B. 孔丽华《汉语水平考试常见易混词语辨析》
    C. 徐子亮、吴仁甫《实用对外汉语教学法》
    D. 吕叔湘《现代汉语八百词》

59. 小赵备课时对教材已有的内容进行了加工，下列哪项可以帮助学生理解词义？
    A. 讲生词"时间"时补充"一时"的意义和例句
    B. 讲生词"开关"时补充其他反义语素组成的词"大小、多少、左右"
    C. 讲解生词时引入简单易懂的词源说明
    D. 总结语法时使用汉语语法术语或英语语法符号

60. 小赵的指导老师建议他在教学中融入多媒体来增强学习效果。下列关于教学中的多媒体，说法正确的一项是：
    A. 使用多媒体就是使用幻灯片进行教学
    B. 教师可以通过幻灯片创造出操练语境
    C. 一张幻灯片应该呈现尽可能多的主题
    D. 幻灯片制作越精美越有利于教学

第 61—65 题

下面是《体验汉语口语教程3》中第二课的部分原文。

（在服装店）
欧　文：这是我昨天买的裤子。
售货员：怎么了？有问题吗？
欧　文：太短了，我想换一条长一点儿的。
售货员：很抱歉，这种样子的没有更长的了。
欧　文：哪一种有长的？
售货员：那种牛仔裤有。
欧　文：可是我不喜欢那种样子。
售货员：你看看这种喜欢吗？
欧　文：这种不错，可是颜色太深了。
售货员：也有浅色的，你可以试试。
欧　文：好吧，我试试。

---

61. 该教材属于以下哪种类型？
    A. 课文型　　　B. 话题型　　　C. 任务型　　　D. 文化型

62. 下列关于口语课的说法，哪一项是**错误**的？
    A. 教师应创设适当的语境引导学生开口
    B. 教师在初级阶段口语课上要注意放慢语速
    C. 学生的口语表达要目标明确并运用所学的词汇和语法
    D. 教师要多讲解词汇和语法来提高学生口语的丰富性

63. 这篇课文适合哪个阶段的汉语学习者？
   A. 初级   B. 准中级   C. 中级   D. 高级

64. 阅读课老师打算换一本语言难度与口语课教材接近的教材。下面哪一项**不是**判断教材合适与否的决定性因素？
   A. 教材的编写理念   B. 教材的内容编排
   C. 教材的插图和版式   D. 教材的使用对象

65. 选定教材后，教师一般会根据教学大纲和学生情况对教材进行处理。下列哪种处理方式**不恰当**？
   A. 打磨课文中不符合现实交际习惯的语句，如："他是李华。他是中国人。他是我的朋友。"
   B. 为了让学生加深对中国请客习俗的认识，补充一个简短的情景剧视频
   C. 学生汉语水平较低，因此适当延长教材中规定的活动时间
   D. 把选择权交给学生，让学生来决定使用教材中的哪些内容

第 66—70 题

下面是袁老师为选修商务汉语的大学生设计的课堂活动。

◇ 活动目的：学生能在商务环境下进行汉语交流，包括表达购物需求、销售产品以及选择产品。
◇ 活动步骤：
• 介绍活动的目的、要求和方式。
• 创设情境：通过视频展示中国一家电脑城中笔记本区域的各种品牌产品以及交流中的品牌销售员和顾客。之后指定教室的特定区域为虚拟卖场，利用道具和布置创设情境。
• 分配角色：以抽签形式确定品牌销售员和顾客两种角色，并赋予品牌销售员不同的笔记本品牌，赋予每个顾客不同的购买需求。为每个角色分发道具。
• 进入场地：品牌销售员站在合适的位置并摆好道具笔记本电脑；顾客进入大卖场后，销售员开始招呼顾客、了解需求并介绍产品，帮助顾客尽快寻找到与自身需求吻合的品牌产品。
• 汇报：顾客向全班汇报自己的品牌选择并解释原因。教师点评并统计结果，从中选出"最佳品牌销售员"，给予奖励。
◇ 活动总结：老师和学生共同归纳常用语并总结选择笔记本电脑的思路。

66. 袁老师设计的活动属于以下哪种类型？
   A. 讲授式   B. 研讨式   C. 实践活动式   D. 自由学习式

67. 汇报和活动总结能使学生获得学习的满足感，这体现了凯勒-ARCS模型中的哪一要素？

   A. 注意　　　　B. 兴趣　　　　C. 信心　　　　D. 满意

68. 下列哪一项描述**不符合**教学任务设计的科学性原则？

   A. 任务应在学生的"最近发展区"进行

   B. 任务难度应适当降低以增强学生信心

   C. 任务设计要与学生知识系统相匹配

   D. 任务应明确具体并尽可能真实

69. 根据《国际汉语教学通用课程大纲》，课堂活动可以日常生活话题作为教学内容。以下哪一项内容属于社会交往话题？

   A. 审美　　　　B. 求职　　　　C. 电影　　　　D. 宗教信仰

70. 上述活动步骤和汇报体现了部分教学环节。下列关于教学环节的说法**错误**的是：

   A. 组织教学包括宣布教学目标和内容

   B. 检查环节可采用复述和转述等方式

   C. 巩固新内容时以机械练习为主

   D. 布置作业时应示范或说明新的练习形式

第71—75题

　　下面是一个课堂互动片段，请阅读后回答问题。

老师：这个周末你做什么了？

学生：我去看电影了。

老师：不错啊。看的什么电影？

学生：《美女与野兽》。我非常喜欢。

老师：我也看了，特别喜欢。其他人还有看过的吗？

---

71. 片段中师生对话存在信息差，并且老师对话题进行了扩展，这体现了哪种教学法的特点？

   A. 听说法　　　B. 交际法　　　C. 任务法　　　D. 全身反应法

72. 学习者受到语言水平的制约，遇到交际障碍时会采取一些策略。一名学生不知道"演技"一词，于是用"他在电影里很差"来表达"他演技很差"。这名学生采取的是哪种交际策略？

   A. 拖延策略　　B. 合作策略　　C. 二语策略　　D. 回避策略

73. 如果教师想知道自己在课堂上提问的频度和范围如何，下列哪一个方法最合适？

   A. 教学日志　　B. 调查问卷　　C. 录音录像　　D. 课程报告

74. 一名学生觉得老师提的问题太简单，在课堂上对老师说自己应该去中级班，面对这种情况，下列哪种处理方式**不恰当**？

   A. 课上观察学生语言水平，判断学生换班理由是否准确
   B. 课后条分缕析地告诉学生分班的依据和自己的看法
   C. 适当的时候出一点儿难题，让学生认识到自己的真实水平
   D. 让学生自己学习，直到他通过中级班的入班测试

75. 课堂上有的学生由于回答不出老师的问题而产生焦虑。学生的焦虑感会影响汉语学习，下列哪种做法**不能**减轻学生的焦虑感？

   A. 营造轻松的课堂氛围
   B. 组织更多的课堂口头活动
   C. 多表扬和鼓励容易产生焦虑的学生
   D. 改变学生对汉语学习的不切实际的想法

第 76—80 题

请在 A—F 中选出以下描述所对应的一项，其中有一个多余选项。

76. 教师重复原话并改正其中错误的部分。
77. 教师用加重的语气语调说一遍学生的句子，暗示学生更正错误。
78. 教师提供相关知识引导学生自己找出错误并加以改正。
79. 教师明确指出学生所犯错误并给出正确形式。
80. 教师请学生再说一遍句子，希望学生再次输出时自我改正刚才的错误。

76. _____
77. _____
78. _____
79. _____
80. _____

A. 直接纠正
B. 重述
C. 重复
D. 要求澄清
E. 元语言提示
F. 启发

第 81－85 题

> ① 陈老师刚到俄罗斯一所孔子学院报到时收到了俄方同事送的一束菊花，心里很不舒服，但是出于礼貌，还是高兴地收下了这份见面礼。后来，陈老师要回国办理一些手续，她的学生知道后第二天送给她一束雪白的菊花并建议她把花带回中国。
>
> ② 陈老师在教打招呼的方式时，有一名到过中国的学生觉得中国人问他"去哪儿啊"很不礼貌。陈老师建议他回答"我出去一下"，并解释其实问话人并不想知道他要去哪儿。之后陈老师又补充了"看书呢""玩儿游戏呢"这类见面打招呼方式。一次，陈老师下课后在走廊里偶遇萨沙，萨沙脱口而出："老师，你下课呢！"

81. 关于跨文化交际能力和意识，下列哪一个说法是正确的？
   A. 大量接触外国人就能具备跨文化交际能力
   B. 长期居住在异文化环境就能具备跨文化交际能力
   C. 掌握跨文化知识等于具备跨文化意识
   D. 要具备跨文化意识，必须接受和承认文化差异

82. 陈老师收到俄方同事送的菊花之后心里不舒服，以下哪一项处理方式**不合适**？
   A. 日后与这位同事保持距离
   B. 入乡随俗，适应这种习惯
   C. 私下告诉同事其中的文化差异并接受好意
   D. 预想到以后可能遇到类似问题，做好心理准备

83. 针对学生送菊花这件事，陈老师想把它作为一个文化点融入教学中。下列哪一项体现了文化教学与语言教学相结合的原则？
   A. 向学生介绍菊花在中国文化中的含义
   B. 拒绝学生的建议并解释原因
   C. 回赠学生康乃馨暗示学生其做法的不恰当性
   D. 让学生比较中俄送花习俗的异同并做报告

84. 俄罗斯学生觉得问自己去哪儿的中国人在干涉自己的隐私，但是这个中国人觉得自己这样打招呼比"你好"更亲切。这是由共情产生的误会。虽然共情是善意的表达，但往往会让人忽视文化差异。下列哪一项体现的**不是**共情？
   A. 老师看到学生冬天穿得单薄，经常让他们多穿衣服
   B. 张华看到一名美国男子不小心跌倒了先问他要不要帮忙
   C. 了解到一名贫困学生的情况后陈老师号召大家捐钱给他
   D. 玛丽感冒了想静养，她的中国朋友带了水果和感冒药去探望她

85. 中介文化行为伴随着复杂的心理过程。上述案例中萨沙的行为体现了哪个方面？

A. 母语文化的迁移　　　　　　B. 目的语文化的过滤

C. 目的语文化的泛化　　　　　D. 目的语文化的适应

第86—89题

下面是39名留学生口语分班测试成绩的统计表格。

	自我介绍	对话	谈论话题	看图说话	朗读	听录音读句子	总分
平均分	6.83	6.27	6.06	5.75	6.37	7.05	38.33
标准差	1.43	1.6	1.62	1.56	1.87	2	10.08

86. 根据以上表格的数据，该测试试题的α系数为0.9292，说明试题可靠性高，因此试题的哪方面很高？

A. 信度　　　　B. 效度　　　　C. 难度　　　　D. 区分度

87. 口语测试通常通过考官与考生的互相认识使考生适应情景并逐渐进入应考状态，表格中的哪种题型可以作为口语测试的热身？

A. 听读　　　　B. 看图说话　　C. 话题表达　　D. 自我介绍

88. 以上口语测试还设计了能同时考查汉字认读能力的题目。用来考查汉字认读能力的题型是：

A. 对话　　　　B. 看图说话　　C. 朗读　　　　D. 听读

89. 关于分班测试，下列说法正确的一项是：

A. 分班测试是考查受试通过学习取得成绩的潜能

B. 分班测试内容必须以课程教学大纲规定的教学目标为依据

C. 学生对于语法的掌握足以作为分班依据

D. 分班测试的难易度关系到测试是否有效

第 90－95 题

请在 A－F 中选出诗词所对应的六个中国民间娱乐活动。

90. 飘扬血色裙拖地，断送玉容人上天。
91. 弄假如真无比空，吹嘘全在一丝风。
92. 共骇群龙水上游，不知原是木兰舟。
93. 双枝需组履平地，楚黄州人擅此技。
94. 梨花风气正清明，游子寻春半出城。
95. 九月九日风色嘉，吴山胜事俗相夸。

90. _____
91. _____
92. _____
93. _____
94. _____
95. _____

A. 踏青
B. 踩高跷
C. 赛龙舟
D. 放风筝
E. 荡秋千
F. 登高

第96—100题

◇ 中央电视台文博探索节目《国家宝藏》通过国宝守护人、小剧场等形式讲述国宝的前世今生，将文物承载的记忆、文化和智慧展示给观众。其中"国之重器"石鼓命途多舛，经历了盛世和乱世，见证了历史的沧桑变迁。

◇ 2017年底，中国申报的甲骨文顺利通过联合国教科文组织世界记忆工程国际咨询委员会的评审，成功入选《世界记忆名录》。甲骨文是汉字的源头，从甲骨文一脉相承发展到现代汉字，才使中华文明发展至今没有中断，这为研究中国源远流长的灿烂文明史和早期国家与社会形态提供了独特而真实的第一手资料。甲骨文既是中华民族珍贵的文化遗产，也是人类共同的精神财富。

96. 石鼓在唐末战乱中散失于民间，后来在北宋时期寻回。北宋时期寻回九面石鼓的人物是：

  A. 王樵　　　　B. 王安石　　　　C. 司马光　　　　D. 司马池

97. 以下关于石鼓文的描述**不正确**的是：

  A. 石鼓文出现在小篆之后

  B. 内容是十首为一组的四言诗

  C. 石鼓文是我国最古老的石刻文字

  D. 康有为称其"如金钿委地，芝草团云"

98. 晚清民国时期艺术大师吴昌硕常年临习石鼓文，灵活运用于篆刻作品中。印章分为阴文印和阳文印，文字凹陷下去的为阴文印，文字凸起的为阳文印。他的篆刻作品阳文"仓石"盖出来的印拓应是：

A. 　　B.　　C.　　D.

99. 2017年甲骨文被收录进联合国教科文组织《世界记忆名录》。截至2018年，下列哪一项**不在**《世界记忆名录》中？

   A.《本草纲目》1593年金陵版　　B.《玩偶之家》手稿
   C. 唐代科举金榜　　　　　　　　D. 安徒生手稿及通信

100. 汉字具有可分可合的特点，有些高寿美称的得名就与汉字结构相关，如称七十七岁为"喜寿"，是因为草书中"喜"字看似"七十七"。根据汉字结构可以推断"白寿"指：

   A. 55 岁　　B. 66 岁　　C. 88 岁　　D. 99 岁

第三部分　综合素质

本部分为情境判断题，共50题。

第101—135题，每组题目由情境及随后的若干条与情境相关的陈述构成。每条陈述都是对情境的一种反应，包括行为、判断、观点或感受等。请先阅读情境，然后根据你对情境的理解，判断你对每条陈述的认同程度，并在答题卡上填涂相应的字母，每个字母代表不同的认同程度。说明如下：

A	B	C	D	E
非常不认同	比较不认同	不确定	比较认同	非常认同

例题：

> 杨老师刚到悉尼的一家孔子学院工作，她的学生都是六七岁的小朋友。在同事的帮助和指导下，杨老师备好了前几堂课。第一次课的内容是向学生介绍中国的国旗、国徽和国歌。当她在课上播放完《义勇军进行曲》之后，小朋友们都觉得这首歌非常"cool"和"powerful"，要求杨老师教他们唱，这让杨老师十分意外。

面对这种情况，如果你是杨老师，请你给出对下列陈述的认同程度：
1. 答应学生的要求会打乱自己的教学安排，而且作为新老师，开展事先没有准备的教学活动可能会力不从心。
2. 难得学生表现出了对课堂内容的强烈兴趣，应满足他们的要求，并利用这个机会，更深入地介绍中国的国旗、国徽和国歌。
3. 告诉学生之后的课会安排教唱中国国歌，课后向有经验的同事或领导请教，听取他们的建议。
4. 给学生发放音频资料，让学生利用课余时间自行学习，这样既不打乱教学安排，又能满足他们的要求。

作答示例：若你对第1题的陈述比较不认同，则选择B；若对第2题的陈述比较认同，则选择D；若对第3题的陈述非常不认同，则选择A；若对第4题陈述的认同程度介于"比较不认同"和"比较认同"之间，则选择C。各题之间互不影响。

第 101－108 题

> 阮老师在法国的一所小学工作。班级里有一个女生爱玛，学习很认真，经常回答老师问题，课后也会向老师请教问题。几位淘气的男生在背后嘲笑她是老师的跟屁虫，有意识地孤立她。有一次，一个男生甚至当着阮老师的面，向她吐舌头。平时课间活动很多人也不喜欢和她一起玩儿。

面对这种情况，如果你是阮老师，请你给出对下列陈述的认同程度：

101. 其他学生孤立爱玛也有她的原因，应该开导一下爱玛。
102. 惩罚带头孤立爱玛的男生，让他们认识到自己的错误。
103. 和班主任讨论班级情况，希望班主任帮助自己处理。
104. 开展特色班会活动，加深同学们之间的了解，让大家消除对爱玛的误会。

> 同学们经常嘲笑爱玛身上有异味，做小组活动时，故意逃得远远的，然后大家一起大笑。

面对这种情况，如果你是阮老师，请你给出对下列陈述的认同程度：

105. 主动和爱玛说明，她身上有异味，让她注意卫生。
106. 批评嘲笑爱玛的学生，让大家团结友爱。
107. 家长见面会的时候，私下和爱玛的父母沟通爱玛遇到的问题，希望他们帮助爱玛改善个人卫生。
108. 减少不必要的分组活动，避免其他学生因此起哄、吵闹。

第 109－116 题

> 陈老师在捷克的一所中学任教，他的课堂生动有趣，学生都很喜欢，同学们在课堂上也都积极发言，但是有一名学生索亚，经常在课堂上故意提一些问题，比如："老师，日本和中国敌对吗？""老师，中国到处都是毒气（雾霾），是不是？"

面对这种情况，如果你是陈老师，请你给出对下列陈述的认同程度：

109. 告诉索亚，这些问题都和教学内容无关，如果他感兴趣的话，老师可以和他在课后讨论。
110. 直面问题，向学生们解释中日关系，以及中国环境现状，纠正学生对中国的偏见。
111. 平时上课提问环节，尽量不点索亚。
112. 允许学生们讨论，并鼓励他们去中国旅游，认识真正的中国。

> 陈老师的课吸引了很多其他班级的学生，其他班级学生向负责老师要求把原来的选修课换成陈老师的中文课，引起了原来选修课老师Yilia的不满。

面对这种情况，如果你是陈老师，请你给出对下列陈述的认同程度：

113. 向Yilia表达歉意，解释自己也没有预见到学生会提出这个要求。
114. 和主管说明自己的精力有限，没办法再开设其他课程。
115. 在学校办中文角，欢迎学生们课间休息时来中文角和老师交流。
116. 这是学生主动提出来的，自己服从学校安排就好。

第117—128题

> 李老师被派到德国某大学教汉语。在该大学，汉语课属于选修课程，只有报名人数达到一定标准才能开设。选课系统开放的前两天，只有两个学生报名了汉语课，如果接下来的几天人数不能达到标准，本学期该大学的汉语课程就得取消，李老师可能会被迫回国。

面对这种情况，如果你是李老师，请你给出对下列陈述的认同程度：

117. 刚刚到岗，选修人数不够，不是汉语老师的问题，坚决不回国，要争取合法权益。
118. 和大学的负责人联系，希望获得他们的帮助。
119. 邀请其他汉语老师一起在学校里进行汉语课程宣传，增强影响力。
120. 打印传单，去学生的宿舍发，争取每一个学生。

> 按照学校要求，李老师提前两周告诉学生有期中测试，可是，考试当天，还是有一位同学没有到。

面对这种情况，如果你是李老师，请你给出对下列陈述的认同程度：

121. 既然已经提醒了所有人，为了公平，这位学生没来的话，期中测试只能给他零分了。
122. 通知负责汉语课程的主管，询问对方的意见。
123. 学生没来可能是有突发事件，打电话跟学生确认。
124. 这次没来没关系，之后可以让该学生参加补考。

> 韩天是李老师班级的一名学生，圣诞假期的时候去中国旅游了，由于汉语水平有限，遇到问题的时候就联系李老师，有时候李老师正忙，韩天的求助消息还是一条接着一条发过来。

面对这种情况，如果你是李老师，请你给出对下列陈述的认同程度：

125. 委婉地告诉韩天，自己这段时间有点儿忙，他的问题要自己解决。
126. 联系国内朋友，让朋友帮助韩天。
127. 汉语老师没有必要课后一直帮助学生，老师完全可以拒绝。
128. 告诉韩天，这是个学习中文、了解中国的好机会，他要尝试独立解决问题，如果实在处理不了的话再联系老师。

第129—132题

> 徐老师在美国一所中学任汉语教师。他的班级有一个让所有老师头疼的"问题学生"，经常逃课，破坏公物，不交作业，对一切都是满不在乎的态度。

面对这种情况，如果你是徐老师，请你给出对下列陈述的认同程度：

129. 和学生沟通，了解学生的行为动机，进一步帮助学生解决问题。
130. 把学生的问题反映给他的父母，让父母多关心学生，多渠道管控学生。
131. 学生正处于叛逆期，如果老师对学生管控过于严格，只会适得其反，因此，要循循善诱。
132. 寻找学生的优点，积极引导，过一段时间，学生总会发现老师的善意，并听从管教。

第133—135题

> 蔡老师在波兰一所小学任汉语教师。学校给他安排住的地方离学生安东尼的家很近。安东尼和蔡老师说，万圣节的时候想去他家"trick or treat"。蔡老师把自己的手机号给了安东尼，说可以提前打电话。后来，蔡老师的同事Andy知道了这件事，告诉他，教师不可以把手机号码留给学生，并把这件事告诉了蔡老师的教学主管。

面对这种情况，如果你是蔡老师，请你给出对下列陈述的认同程度：

133. 确实是自己做错了，所以要向主管道歉，表示之后不会再犯同样的错误。
134. 同事太小心眼儿了，之后要和这样的同事保持距离。
135. 和安东尼解释，万圣节可以由家人陪同按楼下门铃，不要打电话了。

第136—150题，每题由一个情境和四个与情境相关的陈述构成，每个陈述都是对这个情境的一种反应，包括行为、判断、观点或感受等。请先阅读情境，再根据你对情境的理解，从ABCD四个陈述中选出你认为在此情境下最为合适的反应。

例题：

> 李敏在日本一所学校教汉语，刚到日本时，她选择与一位日本同事合租公寓。日本对垃圾分类有严格的要求，虽然李敏很注意垃圾的分类，但由于之前并没有这方面的经验，所以还是经常弄错，甚至导致邻居投诉，室友也多次因此事指责她，言语之间甚至认为李敏没有素质。

根据上述情境，如果你是李敏，请你给出最为合适的选择：
A. 无需多解释，自己努力学习如何处理垃圾，在不与室友和邻居发生冲突的情况下解决问题。
B. 主动向室友和邻居道歉，说明原委，并向室友寻求帮助，向她学习垃圾分类的方法。
C. 鉴于和室友以及邻居目前的关系不太好，还是尽快找中国同事合住，以便度过适应期。
D. 被室友和邻居误解太没面子了，须尽快从中国同事那里学习垃圾分类的技巧。

答案：B

第136题

> 岳晓娜是西班牙的一名小学中文教师志愿者。学校课程设置有西班牙语、英语、德语以及中文，每个月学校都会组织考试。五年级一个班级的英文教师叫Lisa，是班主任，每个月的英文考试她都先让学生通知一下岳晓娜，然后就占用中文课的时间来考试。

根据上述情境，如果你是岳晓娜，请你给出最为合适的选择：
A. Lisa太不尊重汉语课了，自己完全可以拒绝她。
B. 和Lisa沟通，表示自己的课程已经有了安排，但如果主管要求的话，自己可以空出中文课给她。
C. Lisa的做法不利于汉语老师权威的树立，其他学生看到英语老师可以随意挪用汉语课堂，之后对汉语老师会很不尊重。
D. 和主管汇报这个情况，询问主管意见。

第 137 题

> 被派往澳大利亚一所孔子学院授课的余老师得知，自己到澳大利亚的第一天就得上课，即当地时间上午11点他到了住所，下午2点就得到学校上课。具体的上课地点他也才刚刚得知，而且上课地点距离自己住的地方坐车需要1个小时。

根据上述情境，如果你是余老师，请你给出最为合适的选择：

A. 刚下飞机，自己太疲惫了，状态也不好，可以和校方商量，第二天再上课。
B. 让其他汉语老师代替自己去上第一节课。
C. 第一节课不需要准备太多东西，完全可以轻松应对。
D. 第一节课很重要，应该立马收拾一下，吃完午饭积极备课。

第 138 题

> 梁老师刚来到秘鲁的一所中学教授汉语。他发现他的学生经常在背后嘀嘀咕咕。后来询问一个学生，学生说是因为觉得梁老师的个子很高，不像中国人，所以大家在背后议论他。

根据上述情境，如果你是梁老师，请你给出最为合适的选择：

A. 学生好奇是正常现象，不必惊讶。
B. 学生在背后嘀嘀咕咕已经造成了自己的困扰，应该把那些学生拎出来批评。
C. 告诉学生应该尊重老师，在背后议论是一件不礼貌的事情。
D. 在课堂上和同学们说明还是有很多中国人比较高的，他们没必要太惊讶，对老师有问题或感到好奇可以直接提出。

第 139 题

> 钱真刚来泰国做汉语教师，对泰国的事物感到很好奇。她和一个泰国同事约定空闲时间一起去泰庙。见面的时候，她的同事觉得钱真穿得很暴露，拒绝带她去泰庙，径自回家去了。

根据上述情境，如果你是钱真，请你给出最为合适的选择：

A. 向同事道歉，解释自己的疏忽，希望下次还可以一起出游。
B. 同事很没有礼貌，自己以后要避开她。
C. 自己一个人去泰庙。
D. 找其他朋友带自己去游玩儿。

第 140 题

> 在蒙古做中文教师志愿者的林莉已经工作一个月了,她不习惯当地的饮食,所以其他人一起去餐厅吃饭的时候,她经常在住的地方自己做饭吃,偶尔和同事们一起出去吃,她也吃得很少,大家觉得她很不合群。

根据上述情境,如果你是林莉,请你给出最为合适的选择:

A. 改变自己的饮食习惯。

B. 除了吃饭,建议大家增加其他的聚会方式。

C. 和同事说明自己的饮食习惯,并尝试邀请他们吃自己做的饭。

D. 同事不知道真相就给自己贴标签,很不开心。

第 141 题

> 罗贤在法国做了一年的中文教师志愿者,他想去不同的国家尝试一下,就和院长说第二年要申请转岗,但是院长觉得罗贤工作得很好,和同事们相处得也很好,现在的岗位一时没有合适的替代老师,因此不同意他转岗。

根据上述情境,如果你是罗贤,请你给出最为合适的选择:

A. 调换岗位是自己的权利,院长不应该因为人员安排而强制自己留下。

B. 为了孔院的发展,先留下来,等以后有人替换了再申请。

C. 直接向国内志愿者管理机构申请。

D. 和院长说明自己转岗的决心,希望他批准自己的要求。

第 142 题

> 苗新是加拿大的一名汉语教师。她在一所私立学校负责小学生的汉语教学。学校对教学管控比较严格,而苗新希望让学生们在自由欢快的环境里学习汉语,因此经常在课堂上组织集体活动,学生常会发出很大的叫声。主管找到苗新,让她管理好课堂,不要让学生吵闹,影响其他班级。

根据上述情境,如果你是苗新,请你给出最为合适的选择:

A. 学生的声音都是适度的,上课学生不可能不发出声音。

B. 主管对学生管理太严格,自己有义务对主管的管理方式提出建议。

C. 和主管说明自己的想法,并表示尊重主管的意见,自己也会改进。

D. 既然主管提出了,之后的课堂还是安静一点儿好,毕竟做不做活动都可以进行汉语教学。

第143题

> 栗林是被调剂到委内瑞拉的志愿者，她本来想去的是秘鲁。去了委内瑞拉之后，当地的生活方式和习惯跟她想的一点儿都不一样，因此她很不开心，教学过程中也不积极，很快领导就找她谈话，告诉她如果再这样只能请她回国了。

根据上述情境，如果你是栗林，请你给出最为合适的选择：

A. 面对问题，转变心态。

B. 既然过得很不开心，干脆回国。

C. 打电话给自己的朋友亲人吐槽。

D. 以后不管做得多好，领导对自己的印象都固化了。

第144题

> 李奔是韩国某孔子学院的汉语教师。按照教学计划，本周有两次课外主题活动。因为期末考试在即，同学们希望有足够的时间复习功课，因此提议把两次课外活动时间用作自习，希望老师满足他们的要求。

根据上述情境，如果你是李奔，请你给出最为合适的选择：

A. 教学计划是学校制订的，不能轻易更改。

B. 为了增进师生关系，应该答应学生的要求。

C. 让学生和主管老师沟通，如果主管同意他们的要求，自己也没意见。

D. 征求主管老师的意见，尽量满足学生的需求。

第145题

> 薛进喜在瑞士已经做了三年的汉语教师了，他明年必须换岗或者回国，可是他非常喜欢瑞士，想要一直留下来。他和外方院长沟通，想让外方院长向国内的志愿者管理部门申请。因为这个不符合规定，外方院长拒绝了他，并把这件事情上报了国内的志愿者管理部门。

根据上述情境，如果你是薛进喜，请你给出最为合适的选择：

A. 外方院长太冷酷了，这样的人不值得自己尊敬。

B. 承认错误，服从安排。

C. 自暴自弃，任凭处理。

D. 失望透顶，想立即离开这个地方。

第 146 题

> 岑水被派到丹麦一所小学做中文教师志愿者。她的同事们来自各个国家，工作第一天，她带了很多中国特色的食物送给他们。同事们都对她说谢谢，但是后来她发现很多人没有吃她送的东西，甚至有的人直接把吃的扔在办公室的公共桌上。她邀请新同事周末一起去逛街，同事也推辞了。

根据上述情境，如果你是岑水，请你给出最为合适的选择：

A. 同事们都很冷漠，自己以后也要保持距离。
B. 尊重他们，在平时的相处中增进了解。
C. 很多老教师都要摆"姿态"，完全不用在意。
D. 私下问周围的汉语老师，了解原因并立刻解决。

第 147 题

> 何鑫是马来西亚一所大学的中文教师志愿者。他的学生们对他都很尊敬，他也很喜欢帮助大家，在平时的生活中，大家相处得很愉快。他的一名学生李娜很喜欢他，在一个周末向他表白了。何鑫拒绝了李娜，李娜很伤心，跑回了家。在周一的汉语课上，李娜看着何鑫放声大哭。

根据上述情境，如果你是何鑫，请你给出最为合适的选择：

A. 安抚好李娜，并让李娜课后去办公室，好好儿聊一下。
B. 以后和学生保持适当距离。
C. 李娜的行为只是一时迷恋的结果，过一段时间就会好了。
D. 和李娜的父母沟通，让他们劝说李娜。

第 148 题

> 袁莹是汉语国际教育专业的毕业生，被派到西班牙一所小学做中文教师志愿者。来西班牙之前她学习了一些基本的西班牙语，但是到了西班牙之后，她发现自己的西班牙语水平还是不够，和西班牙同事基本无法沟通，必须要请英语老师做翻译，久而久之，她和西班牙老师的距离越来越远。

根据上述情境，如果你是袁莹，请你给出最为合适的选择：

A. 和英语老师相处好就行了，不用强求。
B. 课后多和同事聚会，增进感情。
C. 利用空闲时间学习西班牙语，表达对同事的尊重和友好。
D. 鼓励西班牙老师学习中文，这样就可以推广中文，也可以和他们沟通。

第 149—150 题

> 刘玲在乌克兰某孔子学院任职，讲到中国文化部分时，刘老师简单介绍了中国的传统故事：孔融让梨、程门立雪、精卫填海等。学生一开始觉得很新奇，可是后面便提出这些故事里的人都很蠢，现代社会不应该再传播这些故事了。

根据上述情境，如果你是刘玲，请你给出最为合适的选择：

A. 这是中国的传统文化，经过了时间的检验，这些学生太自我了。
B. 给学生解释一下这些故事背后的文化内涵。
C. 以后上课不再给他们补充类似的知识。
D. 用乌克兰流传至今的传统故事做比较，让学生了解传统故事的意义。

> 因为今天是图书管理日，课上到一半的时候，一位乌克兰同事要叫走班级一半的学生去帮他整理图书馆。同事说完后所有学生都举手想逃课出去玩儿。

根据上述情境，如果你是刘玲，请你给出最为合适的选择：

A. 点名让平时表现好的学生去整理图书馆。
B. 所有人先上课，课程提前十分钟结束，大家再一起去整理图书馆。
C. 因为自己的课程内容没有完成，所以拒绝同事的要求。
D. 和同事一起去请示主管，让主管决定是否要去整理以及具体哪些学生去整理图书馆。

《国际中文教师证书》考试仿真预测试卷

（第四辑）

答案与解析

目 录

仿真预测试卷一/ 1
    第一部分/ 1
    第二部分/ 7

仿真预测试卷二/ 14
    第一部分/ 14
    第二部分/ 22

仿真预测试卷三/ 32
    第一部分/ 32
    第二部分/ 38

仿真预测试卷一

第一部分

1. A

    此题考查语音的定义及基本属性。

    语音同自然界其他声音一样，是物体振动产生的，因此必然具有频率、振幅、强弱等。凡是声音都具有物理属性，表现为音高、音强、音色、音长。音高与发音体振动的频率有关，是物理属性。

2. B

    此题考查语音的物理属性——音强的影响因素。

    音强就是声音的强弱，主要取决于发音体的振幅。振幅大，声音就强；振幅小，声音就弱。

3. A

    此题考查语音的物理属性——音高的影响因素。

    音高就是声音的高低，主要取决于发音体振动的频率。一般来说，音高可以分为"绝对音高"和"相对音高"两类。"绝对音高"是由发音体的性质决定的，"相对音高"则是由同一个发音体本身的松紧程度来决定的。相对音高在语言中的作用是构成声调和语调。普通话四声的差别主要由相对音高决定。

4. D

    此题考查语音的物理属性——音色的影响因素。

    音色又叫音质、音品，是声音的特色，主要取决于声波振动的形式。音色可以分"相对音色"和"绝对音色"。绝对音色是由发音体的不同决定的，我们可以辨识不同的乐器和不同人的声音就是因为绝对音色的区别。语言学只关注相对音色的不同，因为这才是真正区别意义的因素。它主要由两个因素决定：发音方法和共鸣器的形状。语音的发音方法是指由发音器官形成阻碍和解除阻碍的方法。普通话中 b［p］和 f［f］不同是因为两者的发音方法不同。前者是双唇形成阻碍，后者是唇齿形成阻碍；前者是爆破成音，后者是摩擦成音。

5. D

    此题考查对语音的属性的掌握。

    语音的社会属性是语音区别于其他声音的本质属性，主要表现在三个方面：(1) 语音形式和意义的约定俗成性；(2) 民族特征和地域差异；(3) 语音的系统性。题目中涉及的是前两个方面。

6. C

　　此题考查音节和词语的拼写规则。

　　A 中拼写有误的是绿色（lǜsè）、秋天（qiūtiān）、博物馆（bówùguǎn）；B 中拼写有误的是王阳（Wáng Yáng）、刷碗（shuā wǎn）；C 中拼写有误的是董小姐（Dǒng xiǎojiě）；D 中拼写有误的是扬子江（Yángzǐ Jiāng）、人民日报（Rénmín Rìbào）。

7. B

　　此题考查辅音的发音原理及其分类。

　　按成阻和除阻的方式分类，t [t']是塞音，sh [ʂ]是擦音。d [t]、b [p]和 k [k']都是塞音，s [s]是擦音，c [ts']、zh [tʂ]、z [ts]和 ch [tʂ']都是塞擦音。

8. A

　　此题考查音节结构分析。

　　"远"的音节"yuan"中"y"是隔音字母，不是声母，不能当作一个音素。音素是从音色角度划分出来的最小的语音单位。"远（yuan）"是三个音素：ü—a—n。只有A项中的音节都是三个音素：u—e—i，x—ü—e，i—o—u，u—e—n。B中"小"是四个音素（x—i—a—o），"影"是两个音素（i—ng）；C中"酒"是四个音素（j—i—o—u）；D中"云"是两个音素（ü—n），"转"是四个音素（zh—u—a—n）。

9. B

　　此题考查汉字字体的演变顺序。

　　汉字形体演变的大致顺序是：甲骨文——金文——篆书——隶书——楷书——草书——行书。

10. C

　　此题考查字形的规范。

　　易混淆字包括形近字、同音异形字等。A 中陷阱、遨游、厮杀，B 中编纂，C 中照相机、冷不防、坐标系、暴发户，D 中决不罢休、原物璧还、针砭时弊均有误。

11. D

　　此题考查构词方式及其类型。

　　"译员"和"记性"都是合成词中的派生词，由词根＋类后缀组成。"员""性"都是类似于后缀的成分，叫"类后缀"，它们的语义已经开始虚化，但是还没有达到真正的词缀那样的虚化程度。"弥漫"和"妯娌"都是单纯词中的联绵词。"语言"是联合式复合词。

12. C

　　此题考查词和词组的判断。

　　C 选项都是复合词。

13. C

    此题考查对绝对反义词的判断。

    A选项构不成一对反义词，B、D选项都是相对反义词。绝对反义词是肯定了甲就否定了乙，肯定了乙就否定了甲，除正反两方面之外绝对没有第三种可能性的词；而相对反义词则存在中间状态。

14. A

    此题考查词类活用现象和同音词的判断。

    兼类现象是一个词在不同语境中，具有A和B两类词的语法功能，意义上又有密切的联系。同音现象是两个词同音，但意义上完全不同。

15. B

    此题考查词类活用现象——使动用法。

    B选项中"耻"是意动用法，即不以下问为耻。A中"苦、劳、饿"，C中"斗"，D中"乱、劳"都是使动用法。词类活用指某个词本属于A类，但由于表达的特殊需要，偶尔被用作B类，属于临时性的"活用"。

16. D

    此题考查的是比喻修辞格的定义及判断。

    并非所有带有"好像""像"字的句子都是比喻句。用与本体（甲）本质不同但有相似性的喻体（乙）来描述或说明本体，从而更形象、生动地表现本体的特征或作用，这种辞格叫比喻。从结构上说，比喻应该由四个要素构成：本体、喻体、喻词、相似点。材料中带"好像"的句子既无本体也无喻体，带"像"的句子，则甲事物和乙事物本质相同，故两者都不是比喻句。

    答题思路与技巧：如果选B或是选C，那A也对，故先排除B、C。

17. A

    此题考查"才"的义项和用法。

    副词"才"，用在动词前表示晚，用在时间前表示早。

    答题思路与技巧："才发现"与"才起床"都是"才＋动词"。B中"刚才"是一个词，先排除。

18. B

    此题考查语气词"呢""吗""吧"的虚词功能。

    "呢"可用于表陈述语气，也可用在特指问、选择问和正反问句末，表示深究的疑问语气，但不能用于是非问。"吗、吧"都可用在是非疑问句末，但表示的信疑程度不同："吗"表示怀疑程度比较大，疑大于信；"吧"则相反，信大于疑。"吧"也可用于祈使句，语气较缓和。

19. B

    此题考查虚词"着"表示状态或动作持续的用法。

    A、C、D都是"着"用在动词后表示动作行为结束后的状态，材料中"着"与B选项都是"着"表示动作行为的持续。

20. C

    此题考查补语类型的判断及应用。

    补语可以分为"数量补语""情态补语""结果补语""趋向补语""可能补语"和"程度补语"等。"走上去"中,"上去"是"走"的趋向补语,中间插入"得"或"不"变为可能补语。

21. A

    此题考查熟语类型的判断。

    熟语系统主要包括成语、谚语、惯用语和歇后语等。"有门儿"和A选项都属于惯用语的类型。B选项是成语,C选项是谚语,D选项是歇后语。

22. D

    此题考查"在"的词性和用法。

    ①是"在"作为介词的用法,表示后面动作发生的处所;②③都是"在"作为副词的用法,意思是"正在";④是"在"作为动词的用法,表示人或事物所处的位置。

23. A

    此题考查的是偏正短语的判定。

    "学校操场"与A选项都是定中关系的偏正短语。B选项是同位短语,C选项是述宾短语,D选项是联合短语。

24. B

    此题考查"边……边……"和"又……又……"的用法。

    两者连接的两个并列成分的结构不一定相同。例如,"边说边吃饭""又硬又不好吃"。

25. C

    此题考查副词"常常"的用法。

    A选项表述太绝对,在一些固定搭配中不可替换;B选项用在动词前表示动作发生的频率;D选项否定式根据需要,"不"可以加在前面,也可加在后面。

    答题思维与技巧:过于绝对的说法可能是错误的,先排除A。

26. B

    此题考查对"情感过滤假说"概念的理解和应用。

    学习目的明确、自信心越强、焦虑适度,情感过滤就越弱。

    答题思路与技巧:对于非正即反的选项要特别注意。

27. C

    此题考查"输入假说理论"的相关内容。

    A选项克拉申的著作是《输入假说:理论与启示》;B选项该理论包括习得与学习假说、自然顺序假说、监控假说、输入假说和情感过滤假说等五个系列假说;D选项克拉申的输入假说认为口语能力在获得一定可理解输入的条件下会自然而然形成。

28. A

此题考查语法翻译法产生的历史背景。

语法翻译法又称"传统法"或"古典法",是第二语言教学史上最古老的教学法。18世纪末19世纪初,德国语言学家奥伦多夫等对其整理,使之成为一种科学的第二语言教学法体系。

29. C

此题考查语法翻译法的心理学基础。

语法翻译法的心理学基础是官能心理学。其语言学基础是历史比较语言学。

30. D

此题考查直接法产生的历史背景及其影响。

直接法又称"改革法"或"自然法",19世纪末20世纪初产生于西欧,是一种与语法翻译法相对立的教学法。A、B、C选项都是对语法翻译法相关内容的描述。

31. D

此题考查对交际法的掌握及其与听说法的区别。

强调教学顺序是先听说后读写,先口语后书面语,注重培养口语能力的是听说法。

32. C

此题考查交际法的特点。

交际法以综合型训练为主,单项技能训练与综合型技能训练相结合,最后达到在交际中综合运用语言的目的。

答题思路与技巧:注意相关题目之间、题目与材料之间的关联,不能前后矛盾。

33. B

此题考查对"刺激—反应学习"式的学习类型的了解和判断。

"刺激—反应学习"是建立在斯金纳操作条件反射基础上的学习,得以实现的条件是学习者作出特定的反应,即操作性行为后必须立刻得到强化,刺激的情境也必须多次重现,如"白鼠按杠杆而获得食物""小学生做作业而得到老师的表扬"等。

34. D

此题考查对"言语联想学习"式的学习类型的了解和判断。

"言语联想学习"是建立在一系列连续性的言语的刺激反应基础上的学习。

35. A

此题考查对"信号学习"式学习类型的了解和判断。

"信号学习"是建立在巴甫洛夫经典性条件反射基础上的,对信号刺激所做出的特定反应的学习。

36. C

此题考查对"连锁学习"式学习类型的了解和判断。

"连锁学习"是建立在两个以上或一系列刺激反应动作联结序列基础上的学习。

37. C

此题考查认知学习策略的内容。

认知学习策略可大致概括为求解、推理、实践、记忆、监控（发现错误并纠正）等几个方面。

38. A

此题考查元认知策略的内容。

元认知策略可概括为计划、监控（在听说读写上自我监控，注意理解和表达）、评估、调节等四个方面。

39. B

此题考查交际策略中的"回避"这类策略。

B选项"简化"属于回避一类的策略，因为对某一话题或语言形式不熟悉而采用缩减的方式进行回避。A选项属于以目的语为基础解决问题的策略；C选项属于依赖母语解决问题的策略；D选项属于非语言策略。

40. A

此题考查对外汉语教学过程的阶段特点。

对外汉语教学过程分为四个基本阶段，即感知阶段、理解阶段、巩固阶段和运用阶段。B选项是感知阶段的特点；D选项是巩固阶段的特点。

41. C

此题考查对外汉语课堂教学的基本内容。

备课是课堂教学的基础，C选项是备课工作的三个方面。B选项一般语言课的教学包括组织教学、复习检查、讲练新内容、巩固新内容和布置课外作业五个环节；D选项讲练新内容是课堂教学的重点环节。

42. F

此题考查第二语言教学法"情景法"的判断。

"情景法"是20世纪二三十年代产生于英国的一种以口语能力的培养为基础、强调通过有意义的情景进行目的语基本结构操练的教学法。

43. G

此题考查第二语言教学法"自觉对比法"的判断。

"自觉对比法"是主张通过母语与目的语的翻译和结构对比，自觉掌握目的语的一种教学方法，以直接法为对立面，客观上成了语法翻译法的继承和发展。

44. C

此题考查第二语言教学法"听说法"的判断。

"听说法"是20世纪40年代产生于美国的第二语言教学法，强调通过反复的句型结构操练培养口语听说能力，又称"句型法"或"结构法"。

45. I

此题考查第二语言教学法"认知法"的判断。

"认知法"又称"认知—符号法",20世纪60年代产生于美国,代表人物是美国心理学家卡鲁尔。

46. H

此题考查第二语言教学法"团体语言教学法"的判断。

这是一种采用小组集体讨论的形式、教师和学生处于医生和病人的关系并把学习过程看成是咨询过程的第二语言学习方法。

47. A

此题考查第二语言教学法流派的判断。

教学法流派按其所体现的主要语言教学特征可分为四大派:(1)强调自觉掌握的认知派,如语法翻译法、自觉对比法和认知法等;(2)强调习惯养成的经验派,如直接法、情景法、听说法、视听法等;(3)强调情感因素的人本派,如团体语言学习法、默教法、暗示法等;(4)强调交际运用的功能派,如交际法等。

48. D

此题考查语言测试类型的划分标准及判断。

第二语言测试可以从测试的用途、评分方法、命题方法、成绩反映方法以及测试的制作要求等不同角度进行分类。常模参照测试和标准参照测试,是按照分数的解释方法进行的分类。

49. B

此题考查语言测试类型按命题方法进行的分类及其判断。

分立式测试是对语言要素和言语技能分别进行单项测试;综合性测试正好与之相反,完形填空、阅读理解、听写等都是综合性试题;交际性测试是测定受试者在实际生活中运用语言进行交际的能力,面谈、应用性写作都属于交际性测试。

50. B

此题考查影响测试信度的因素。

影响测试信度的因素主要有:测试的题量、试题的同质性、试题的区分性、受试者水平的多样性、评分的客观性等。测试的目的是影响测试效度的因素,此外,命题方面的技术性问题、组织管理方面的问题等也会影响效度。

第二部分

51—54. C E A B

第51至54题考查汉语学习偏误的来源。

第51题,英语中marry有"marry sb."的用法,汉语中"结婚"是个离合词,后面不能接宾语。

第52题，应该是"回美国去"。复合趋向动词带地点宾语时，应放在中间。学生产生偏误可能是受动词＋简单趋向补语＋宾语结构的影响。

第53题，学生使用了简化的策略，用两个较容易的单句代替了较复杂的复句。

第54题，在英语中，一般是名在前，姓在后，中国人名一般是姓在前，名在后。

55—58. A D B C

第55至58题考查第二语言教学的环节。

第55题，口语课上不适合占用大量时间让学生做改写课文的练习，这种练习可留作课后作业，选A。

第56题，要求学生朗读课文，选D。

第57题，通过提问的方式询问与本课相关的话题，从而导入本课的新课教学，选B。

第58题，分组表演课文内容是帮助学生理解课文，选C。

59. B

此题考查对复述练习的理解。

通常的练习形式是要求学生介绍自己的家庭情况，"要求学生介绍同学的家庭情况"，由第一人称变成了第三人称，是变换角度复述。

60. C

此题考查各教学环节的具体内容。

导入→呈现→讲解→操练是一般的教学顺序。教师讲解后组织学生进行练习，是对语言点的扩展和巩固。

61. A

此题考查第二语言教学过程中分组的原则。

分组的原则一般是：同组异质、异组同质。同组异质将不同层次的学生搭配分组，这样有利于同学之间互相帮助、互相促进、共同提高，同时活动进度相对统一；异组同质能够保持组际之间的均衡性，有利于组际的交流和竞争，有利于对各组学习活动的评价。

62. D

此题考查课堂管理的一般方法。

用目光注视的方法提醒学生，适用于轻微的违反课堂纪律的情况，既保护了学生的自尊，又不影响课堂教学的正常进行。

答题思路与技巧：过于绝对、极端的选项一般是错误的，排除A、B。

63. C

此题考查对朗读方式的认识。

点读可以发现个别学生在朗读过程中出现的语音语调问题，并及时有针对性地加以纠正。

64. D

   此题考查对课堂教学环节的认识。

   教师在讲解课文环节先概括出一些含有所学语法点的句子，目的是让学生按这些句子的格式操练语法点。

65. D

   此题考查词汇教学的方法。

   词汇教学常见的方法有直接法、翻译法、情景法、搭配法、比较法、类聚法、语素义法、联想法等。不同的词语、不同的教学阶段应采用不同的教学方法。翻译法是直接用学生的母语或通用外语解释生词。初中级阶段较为抽象的生词常常采用这种教学方法。

66. B

   此题考查现代汉语中补语的类型。

   情态补语，是指在谓语动词或形容词带"得"后，用来评价、判断或描写动作或人、物的情态的成分，也可概括为表示动作或状态的结果和程度。如"他气得跳了起来"。

67. A

   此题考查课堂导入的分类。

   通过提示昨天学习的内容导入今天的新课，是以旧知识导入新知识。

68. B

   此题考查阅读教学法中抓关键词的方法。

   "缩句"就是忽略修饰成分，抓住句子的关键词，便于快速理解句意，适用于快速阅读训练。

69. B

   此题考查第二语言教学法的类型和特点。

   全身反应法倡导把语言和行为联系在一起，通过身体动作教授语言。这种方法使学生可以水到渠成地完成从听到说的学习过程。

70. C

   此题考查教学反思的定义。

   所谓教学反思，是指教师对教育教学实践的再认识、再思考，并以此来总结经验教训，进一步提高教育教学水平。教学反思是教师提高个人业务水平的一种有效手段。

71. D

   此题考查对课文中重要语法点的判断。

   重点语法要根据课文难度、语法点级别、出现频率等综合判断。所给课文总体处于初级下水平，A、B、C选项相对简单。选择疑问句与课文整体难度匹配，出现频率较高，且是比较重要的语法点。

72. D

此题考查教师在课堂中的站位问题。

教师站在教室前方,也就是讲台上,这个位置有利于学生注意力的集中,适合教师讲解重点知识时采用。

73. A

此题考查任务型教学法的功能和特点。

任务型教学(Task-based Language Teaching)是指教师通过引导语言学习者完成特定任务来进行的教学,强调围绕一定的语言或交际项目,在特定情景中通过表达、沟通等语言交际活动形式来完成任务,以达到学习和运用语言的目的。

74. A

此题考查现代汉语中离合词的特点和功能。

离合词是现代汉语中的一个特殊的语法现象,特殊之处在于它既具有词在语义上的单一性、融合性,又具有短语在语法上的可拆合性。离合词的特点是:

(1) 离合词中间可以插入其他成分。

(2) 大多数动宾式离合词后面不可以带宾语,只有一小部分表示心理活动的离合词后面可以带宾语,如"担心身体"。

(3) 一些离合词可以受程度副词的修饰。

(4) 一般动宾式离合词带时量补语、状态补语时要重复前一个语素。

(5) 离合词的重叠形式是AAB式,如"散散步"等。

答题思路与技巧:AB相互矛盾,答案可能是其中之一。过于绝对化的表述可能是错误的。

75. D

此题考查二语学习的纠错模式。

当学生输出偏误句时,要求学生重新表达,是要求澄清的纠错反馈方式。其他常见的纠错方式有:明确纠错(直接指出错误并告诉学生正确的形式)、重铸(把学生的偏误句用正确的形式说一遍)、提供元语言认识(讲解语言本身,让学生意识到错了)、重复(用升调重复学生的错句以引起学生注意)、诱导(通过提问引导学生说出正确的句子)。

76. C

此题考查语言测试的种类和功能。

水平测试是用来测量人们的某一种语言能力,它的目的之一是用来选拔,这种选拔可以是升学选拔,如测量学生是否具有足够的语言能力来跟上大学中的课程,如托福考试、HSK等。

77. D

HSK考试包括听力、阅读和书写三个部分。考查考生汉语口头表达能力的考试是HSKK，分初、中、高三个级别。

78. D

此题考查语言测试的种类和功能。

诊断测试用来识别学生在学习方面的优势和劣势，从而确定未来的教学走向。现行课堂中采用的诊断测试多是教师根据教学重点、难点及本班实际情况自行进行的小测验，从而及时发现学生的问题，尤其是普遍性问题，以此给教师提供依据，对前一阶段的教学进行反思，对今后的教学给予指导。

79. A

此题考查对语言测试的信度和效度的理解。

效度是指任何试题或试题的组成部分作为达到测试目的的合理性。试题在最大程度上达到其测试的目的即是有效的。在口语测试中出现阅读理解选择题不符合语言测试的效度标准。

80. B

此题考查语言测试的种类。

第二语言测试可以从测试的用途、评分方法、命题方法、成绩反映方法以及测试的制作要求等不同角度进行分类。按用途分，可以分为学能测试、成绩测试、水平测试和诊断测试。汉语水平考试和英语水平考试都属于按用途分类里的水平测试。

81. D

此题考查课堂教学环节。

活动小结是对课堂活动的归纳总结。③是在活动之后对本次活动所学进行总结。

82. B

此题考查对教学对象的判断。

教学对象要根据教学活动的形式、内容等综合判断。这个教学活动形式多样，内容简单，丰富有趣，利用照片使教学活动更加形象化，适合初级儿童。

83. C

此题考查语音教学的方法。

"b""p"的区别在于是否送气。吹纸条的方法可以用纸片表现气流的强弱，学生还可以用纸条自行体会送气音与不送气音的差异。

84. A

此题考查第二语言教学过程中座位摆放的特点和功能。

常见的座位摆放方式有：传统式（插秧式），便于学生集中注意力和教师的管理，但不利于师生交流；U型座位，有助于师生交流，只适合小班教学，不适合大班教学；模块型座位，可以增强学生间的互动合作，但不便于教师的课堂管理；环形座位，有利于学生表现自我，但缩小了交流范围。

85. B

此题考查对外汉语教学的"教师的语言"特点。

"教师的语言"有三大特点：一是慢，放慢语速，增加停顿；二是简化，使用简单的词汇、句子；三是详细化，输出更多信息包括多余信息，采用重复、释义、迂回的方法，目的是为了便于学习者理解，成为可理解的输入。

86—89. B A D F

第86题，跨文化适应的挫折期是指新鲜的感觉过去，开始觉得衣食住行处处不习惯，人地生疏，语言隔阂，产生迷惑、沮丧、孤独、失落和烦恼、焦虑、悲伤、思乡的情绪。于是，有的采取消极回避的态度，不接触当地人和当地文化；有的对当地文化产生敌意，甚至发泄不满，采取不理智的行动；有的因承受不了心理压力而离开这一文化环境，回到自己的国家。

第87题，跨文化适应的适应期是指经过一段时期的调整，对生活环境渐渐感到习惯，对第二文化也在逐步适应，能基本上采取比较客观的态度，甚至对其中的一部分已能接受。不能接受的部分也能要求自己理智地对待。

第88题，跨文化适应的蜜月期是指刚刚接触到第二文化或进入第二文化的环境，对周围的一切都感到新奇、惊讶、有趣，处于兴奋、激动、满足的状态，一切都觉得美好。

第89题，跨文化适应的调整期是指经历了挫折期以后，人们开始调整自己与环境的关系，寻找适应新的生活环境和文化环境的方法。这时语言水平有所提高，与当地人的交往也增多，开始交朋友，孤独感和失落感有所缓解。对文化的了解在逐步加深。

90. B

此题考查中国民族乐器的种类。

中国民族乐器按演奏方式和音响效果分，主要有吹、拉、弹、打四种。

91. B

此题考查中国古代四大名琴。

中国古代四大名琴指的是齐桓公的"号钟"、楚庄王的"绕梁"、司马相如的"绿绮"和蔡邕的"焦尾"。

92. D

此题考查中国少数民族的传统乐器。

芦笙是我国西南地区苗、瑶、侗等民族的传统乐器。苗族以芦笙为主要乐器。

93．A

此题考查考生对中国民族乐器古筝的了解。

早期到近代古筝有过12、13、18、23、25弦等，现在古筝琴弦一般是21弦。

94—96．A　B　C

第94至96题考查古代丝绸之路的相关知识。

第94题，通过古代丝绸之路传入中国的产品主要有葡萄、苜蓿、石榴、胡豆（豌豆、蚕豆）、胡麻（芝麻）、胡瓜（黄瓜）、胡蒜（大蒜）、胡桃（核桃）、胡荽［suī］（香菜、芫［yán］荽）、胡椒、胡萝卜、菠菜、棉花、西瓜、玉米、番薯、马铃薯、木薯、花生、向日葵、辣椒、番茄、菠萝、腰果、可可等。

第95题，古代丝绸之路的起点是长安。

第96题，元代周达观随元使赴真腊（今柬埔寨），回国后著《真腊风土记》。

97—100．C　E　A　F

第97至100题考查中国八大菜系的特点与代表菜品。

第97题，川菜特点在于红味讲究麻、辣、香，白味咸鲜中带点儿微辣。代表菜品有鱼香肉丝、宫保鸡丁、夫妻肺片、麻婆豆腐、回锅肉、东坡肘子等。

第98题，粤菜选料广博，刀工干练，清鲜爽口，代表菜品主要有盐焗鸡、白灼虾、龙虎斗、咕咾肉等。

第99题，湘菜制作精细，用料上比较广泛，口味多变，品种繁多；色泽上油重色浓，讲求实惠；品味上注重香辣、香鲜、软嫩。代表菜品主要有东安子鸡、百鸟朝凤、剁椒鱼头、霸王别姬等。

第100题，闽菜清鲜、清爽，偏于甜酸，讲究调汤，代表菜品主要有佛跳墙、菜干扣肉、沙茶鸡丁、菊花鲈鱼等。

说明： 第三部分"综合素质"为情境判断题，考查考生的个人态度倾向，没有统一的标准答案。

仿真预测试卷二

第一部分

1. B

   此题考查语义及语义变化。

   "裳"本义是（夫君、君长）穿着的裙，引申义为男女穿着的下衣。在本诗中取引申义。

2. C

   此题考查国际音标。

   "愁"的声母是ch，对应的国际音标是[tʂʻ]；韵母是ou，对应的国际音标是[ou]。因此"愁"的国际音标是[tʂʻou]。

3. D

   此题考查修辞方法。

   "漫卷诗书喜欲狂"中"喜欲狂"形容高兴得快要发疯了，高兴到了极点，使用了夸张的修辞方法。

4. D

   此题考查的是词义。

   "涕泪"是同义复合词，涕，即眼泪，涕泪就是眼泪的意思。

5. B

   此题考查汉字的造字方法。

   汉字的造字方法主要有象形、指事、会意、形声。

   A项"外"是会意字，"盯"是形声字。

   B项"日"和"女"都是象形字。

   C项"作"是形声字，"林"是会意字。

   D项"情"是形声字，"水"是象形字。

6. C

   此题考查汉语的音节结构。

   音节就是听觉上自然感到的最小的语音单位，是由一个或几个音素组成的最小的语音片段。在汉语里，一个汉字通常就代表一个音节（儿化音情况除外）。一个音节可以由一个音素构成，如"啊"[a]，也可以由两个音素构成，如"他"[tʻa]，还可以由四个音素构成，如"端"[tuan]、"卷"[tɕyan]，等等。

7. A

此题考查辅音的发音部位和发音方法。

普通话辅音"sh"的发音部位和发音方法是舌尖后、清、擦音。

8. C

此题考查"不"和"没"的区别。

"不"和"没"的用法见下表：

	不	没
动作行为（动词）	表达个人意愿 否定经常性或习惯性的情况	客观叙述，否定某行为已经发生
判断、估计或认知	不是、不像/不会、不应该/不知道	×
性质、状态（形容词）	否定具有某种性质、状态	否定性质、状态发生变化

9. C

此题考查复句的类型。

复句可以分为联合复句和偏正复句两大类。联合复句的特点是：在语义上，各分句之间不分主次；在结构上，有两个或两个以上分句在同一层次上。联合复句往往通过语序或关联词语来表示分句间的并列、连贯、递进、选择等几种关系。偏正复句的特点是：在语义上，两个组成部分有主从关系，正句是全句的意义中心；结构上，即使全句包含两个以上的分句，也总是可以先分成偏正两个部分。偏正复句一般是偏句在前，正句在后；有时偏句在后，则带有一种追述、补充、强调的意味。偏正复句一般要用关联词语来表示分句之间的因果、假设、条件、转折、让步等几种关系。句⑤"他不但不吸烟，而且也不喝酒"属于递进复句，由两个有递进关系的分句组成，后一个分句表示意思比前一个分句进了一层。

10. D

此题考查"都"的用法。

"不"和"没"可以放在"都"前，也可以放在"都"后。"不都、没都"表示部分否定，如"教室里不都是学生，也有老师""那些菜没都吃完，还剩下一些"；"都不、都没"表示全部否定，如"这些人都不是老师""所有人都没交作业"。

答题思路与技巧：过于绝对化的表述常常是错误的。

11. B

此题考查的是汉语复合词的构词类型。

复合词的类型共有五种，分别是联合型、偏正型、中补型、动宾型、主谓型。"来信"是偏正型。

A 项"休闲"是联合型复合词。

B 项"电脑"是偏正型复合词。

C 项"看好"是中补型复合词。

D 项"创意"是动宾型复合词。

12. C

此题考查的是汉语成语的书写。

带拼音的两个成语分别是"义愤填膺"和"行不贰过"。

13. B

此题考查汉语声母的发音方法。

"愤"的声母是 f [f]，是唇齿、清、擦音。发音时，下唇接近上齿，形成窄缝，软腭上升，堵塞鼻腔通路，气流不振动声带，从唇齿间的窄缝中挤出，摩擦成声。

14. B

此题考查的是成语的结构类型。

偏正结构的成语，前后两部分之间是修饰与被修饰或限制与被限制的关系。从地位上来看，修饰限制部分是"偏"，被修饰被限制部分是"正"，前"偏"后"正"。两部分之间往往夹有"之"一类的结构助词。如：倾盆大雨、不义之财、强弩之末。

连谓结构的成语有两个连续动词做谓语。如：自欺欺人、手到擒来、作茧自缚。

动宾结构的成语前面部分表示动作、行为，相当于谓语；后面部分是前面部分动作、行为涉及的对象，主要是名词，相当于宾语。如：饱经风霜、平分秋色、大张旗鼓。

并列结构的成语前后两部分不分主次、先后，处于同等地位。如：勤学好问、志士仁人、才疏学浅。

15. D

此题考查的是汉字的造字法。

汉字的造字方法主要有象形、指事、会意、形声。象形就是通过描绘事物形状来表示字义的造字方法；指事就是用象征符号或在象形字上加提示符号来表示字义的造字方法；会意指的是用两个或几个部件合成一个字，把这些部件的意义合成新字的意义；形声是由表示字义类属的部件和表示字音的部件组成新字。

"手"是象形字，描绘了一只手的形象。"武"是会意字，从止从戈；"问"是形声字，从口门声；"下"是指事字；"羊"是象形字。

16—19. B F G E

  第 16 至 19 题考查短语的结构类型。

  主谓短语：由有陈述关系的两个成分组成，前面被陈述部分是主语，表示要说的是谁或什么，后面陈述的部分是谓语，说明主语怎么样或是什么。

  中补短语：由有补充关系的两个部分组成，前面被补充部分是中心语，由谓词充当，后面补充部分是补语，也由谓词充当，起述说的作用，能回答"怎么样"的问题。

  联合短语：由语法地位平等的两项或几项组成，其间是联合关系。

  偏正短语：由有修饰关系的两部分组成，修饰部分在前面，叫修饰语，被修饰部分在后面，叫中心语。

  同位短语：多由两项组成，前项和后项的词语不同，但所指是同一事物。

  连谓短语：多项谓词性词语连用，谓词性词语之间没有语音停顿，也不用任何关联词语。

  兼语短语：由前一动词的宾语兼做后一谓语的主语，即动宾短语的宾语和主谓短语的主语套叠，合二为一，形成宾语兼主语双重身份的一个"兼语"。

  "高兴极了"是中补短语，"上街看热闹"是连谓短语，"让他去国外读书"是兼语短语，"'诗仙'李白"是同位短语。

20. C

  此题考查汉字的书写。

  "喜"的笔顺依次是：一横、二竖、三横、四竖、五横折、六横、七点、八撇、九横、十竖、十一横折、十二横，共 12 个笔画。

21. D

  此题考查对句式的判定。

  连动句：两个动词短语，互不做成分，而是共同做谓语，但在语义上有目的和方式、原因和结果、先和后等关系。两个动词短语的位置顺序不能相互颠倒，中间也没有语音停顿。

  存现句：表示人或事物存在、出现或者消失的句式。

  祈使句：向听话人提出要求，希望他做什么或者不做什么的句子。祈使句的主语限定于三类词语：第二人称代词、包括式第一人称复数代词、称谓词。

  兼语句：由兼语短语充当谓语或独立成句的句子。兼语句的谓语是由动宾短语套接主谓短语构成的，动宾短语的宾语兼做主谓短语的主语。兼语句多有使令的意思，所以句中前一个谓语多由使令动词充当。

  材料中"老师先请我们简单介绍一下自己"属于兼语句，该句有两个层次——"老师先请我们"和"我们简单介绍一下自己"，前一个动宾短语中的宾语"我们"同时充当后一个主谓短语中的主语。

22. D

　　此题考查"不"的变调。

　　"不少"的"不"在上声"少"前，应该读去声，调值为51；"不太高"的"不"在去声"太"前，应该变读为35。

23. B

　　此题考查补语的类型。

　　"讲得很清楚"中"很清楚"是情态补语。"写不好"中"不好"是可能补语，"听得津津有味"中"津津有味"是情态补语，"学会"中"会"是结果补语，"痛快极了"中"极了"是程度补语。

24. A

　　此题考查对教学过程的把握。

　　题干是对"把"字句三种形式的归纳，应该在讲解之后、操练之前进行。本题教案节选部分为练习部分，故题干所示教学步骤在步骤（1）前进行。

25. D

　　此题考查对汉语教学课型的理解。

　　材料是对语法知识的操练，属于综合课的内容，而A、B、C选项是专项技能课（即读、说、写技能课）。

26. A

　　此题考查汉语语法项目难度等级。

　　材料中给出的是"把"字句中"主语＋把＋宾语＋动词＋其他成分"的形式，此形式的"把"字句在《国际中文教育中文水平等级标准》语法等级大纲中属于三级语法点，应为初等水平。

27. A

　　此题考查偏误类型。

　　题中前一句应该是"她没有把房间打扫干净"，因此是错序；后一句多加了"把"字，因此是添加。

28. C

　　此题考查对"越来越……"语法点的理解。

　　"越来越……"和"越……越……"本身都表示程度高，所以它们后面的形容词不能再受程度副词"很、非常、太"等的修饰，因此A选项错误；"越来越……"和"越……越……"后面可以跟形容词、心理动词和能愿动词，不能直接跟一般动词，因此B选项错误；如果句子中有两个主语，第二个主语要放在副词"越"的前面，因此D选项错误。

29. B

　　此题考查对时间名词和时间副词的区分。

　　时间名词和时间副词都表时间，又都可做状语，但是时间副词不能做主语、宾语，而时间名词可以。时间名词能与介词组成介词短语做状语，时间副词不可以这样用。时间名词可以修饰体词性和具有指称功能的谓词性词语，比如"目前的情况"。本题中，"现在"既可做时间名词，又可做时间副词。问题（1）中的"现在"做状语，修饰后面的"来"；问题（2）中的"现在"做修饰语修饰后面的"天气"。

30. C

　　此题考查的是对不同练习形式的理解。

　　句型替换是来源于听说法的一种训练手段，最典型的做法是学生根据老师的提示说出规定的句型。给情境造句即用指定的词语叙述情境或者将对话补充完整。定式回答即老师提问，要求学生用指定的句型或者词汇，根据自己的情况回答问题。看图说话是指老师让学生就教材上或者老师提供的图片进行表达。题目中要求"用'越来越……'或者'越……越……'回答问题"，属于定式回答。

31. C

　　此题考查对不同类型的语言测试的理解。

　　客观性测试是指不需要评分人主观判断、答案唯一或固定的测试形式。水平测试的目的在于测量学习者现有的整体的语言实际运用能力，以评定是否达到胜任某项任务的要求，它不与某一课程挂钩，也不以任何教材为依据。课程进展测试主要是为了了解学生对已学内容的掌握情况，在国际汉语教学中最为常用。学能测试是用来预测学生是否具有学习某种语言的潜力和天赋的一种测试。

32. B

　　此题考查的是对复句语义类型的掌握。

　　"车来了"叙述事情的正常发展，是好的一面，"但看样子人很多"表示事情发生了转折，出现了不好的情况，因此是转折关系。

33. C

　　此题考查的是对"了"的不同语法意义的理解。

　　句①中的"了"位于句末，是语气助词，表示事态的变化；句③中的"了"是动态助词，表示动作行为的完成。

34. C

　　此题考查对"着"的不同语法意义的理解。

　　句②中的"着"是动态助词，表示"站"的动作在持续；句⑤中的"着"是动态助词，表示空调开启和音乐播放的状态在持续。

35. A

　　此题考查对汉语不同句式的掌握。

　　画线部分④中"他"同时作为"请"的宾语和"给你一块钱"的主语，因此该句是兼语句。"给你一块钱"是双宾结构，但处于第二层次，是整个语句中的一个成分。

36. D

    此题考查"着"不同语法意义的使用。

    画线部分⑤中的"着"是动态助词,表示状态在持续。A 选项的"贴着"、B 选项的"穿着"以及 C 选项的"戴着"中的"着"都是动态助词,表示状态在持续;D 选项中的"着"也是动态助词,但是它表示动作在持续。

    答题思路与技巧:注意与第 34 题的关联性。前后题目相关时,要保持答案的一致性,不能前后矛盾,并注意前后题目之间的提示作用。

37. B

    此题考查对第二语言习得理论的理解。

    中介语假说认为在第二语言习得过程中,学习者通过一定的学习策略,在目的语输入的基础上形成一种既不同于其第一语言也不同于目的语,并伴随着学习的进展向目的语逐渐过渡的动态语言系统。

    对比分析假说认为第二语言的获得是刺激—反应—强化形成习惯的结果。

    内在大纲和习得顺序假说认为第二语言学习者在语言习得过程中有自己的内在大纲,而学习者的种种偏误正是内在大纲的反映。学习者不是被动地服从教师的教学安排,而是有其自身的规律和顺序。

    输入假说认为第二语言习得的实现主要取决于两个方面:一是习得者必须听懂可理解的输入,二是习得者在情感上必须对输入采取开放、接受的态度。

38. A

    此题考查对对比分析假说的理解。

    对比分析假说是由拉多于 20 世纪 50 年代中期,行为主义鼎盛时期提出的假说,属于行为主义学习理论。

39. C

    此题考查对对比分析假说的理解。

    迁移指在学习过程中已获得的知识、技能和方法、态度等对学习新知识、技能的影响,有正迁移和负迁移之分。负迁移导致第二语言习得的困难和学生的错误。这一假说认为第二语言习得的主要障碍来自第一语言(母语)的干扰。这一假说只强调学习者通过刺激—反应被动地养成一定的语言习惯,否认学习者语言习得的认知过程,忽视人的能动性和创造力。

40. B

    此题考查对比分析假说的实际应用形式。

    对比分析假说强调学习者通过刺激—反应被动地养成一定的语言习惯,否认学习者语言习得的认知过程,忽视人的能动性和创造力,B 选项正是对比分析假说的体现。A、C、D 选项都重视人的能动性和创造力,不符合对比分析假说的要义。

41. B

此题考查"恶"的用法。

《说文》:"恶,过也。"恶,本义是"罪过"。此处读音是"è",为引申义"不好的,坏的"。"吾以志前恶"出自《左传·定公五年》,其中的"恶"为本义"罪过"的意思。

42. D

此题考查"和"的语义。

此处为"和"的引申义,(乐声)配合适当、和谐相应。

43. A

此题考查对文言文句子的理解。

"夫"在这里用作文言发语词,即句首语气助词,表示要发议论,起到引起下文的作用。

44. B

此题考查对教学法流派的认识。

经验派强调习惯养成,包括直接法、情景法、听说法、视听法。A 选项"交际法"属于强调交际运用的功能派。C 选项的"自觉对比法"和 D 选项的"语法翻译法"属于强调自觉掌握的认知派。

45. D

此题考查对听说法的理解。

听说法是 20 世纪 40 年代产生于美国的第二语言教学法,强调通过反复的句型结构操练培养口语听说能力。其语言学理论基础是主张对活的语言进行仔细的描写分析、对不同语言进行结构对比的美国结构主义语言学,其心理学基础是把人和动物的行为都纳入刺激—反应轨道中的行为主义心理学。听说法的特点之一是严格、及时地纠正学习者的错误,避免养成错误的习惯。

46. B

此题考查汉字的正确书写。

文中"家挺"应为"家庭","高兴级了"应为"高兴极了",共两处。

47. A

此题考查对学生作文中偏误类型的识别。

"我们是坐地铁去的,到了以后买很多东西"应改正为"我们是坐地铁去的,到了以后买了很多东西",原文缺少了助词"了",因此偏误类型是遗漏。

48. C

此题考查对学生病句的改正。

对于学生作文中的病句,能用正确的语法和合适的词语表达其原本想表达的意思为佳。本文是第一人称叙述,选项 A 和 B 误加了不合适的代词"他们",而且对原句意思的表达有遗漏。选项 D 语序错乱,主语不明。

49. A

此题考查对"以后""后来"和"然后"用法的掌握。

"以后"和"后来"是时间名词,"然后"是连词。"以后"可用于过去和将来,"后来"只用于过去,而且往往指一个过程的后一阶段。另外,"后来"只可以单独使用,"以后"的前面常有表示时点的词语,也可以加上表示时段的词语。"然后"表示某动作或情况发生后,接着发生另一动作或情况,强调动作或情况发生的顺序,用在过去、将来都可以。

50. B

此题考查教师对学习者作文中偏误的处理方法。

教师应对学习者的偏误给予适当且必要的指导,如果完全忽视学习者的偏误,学习者将不能认识到问题所在,阻碍学习进步,但是如果逢错必纠,又会浪费大量时间,打击学习者积极性,影响教学进程。因此对待学生作文中的错误,要区分开词语偏误、语法偏误和语用偏误,根据学生的实际汉语水平纠错,对症下药。

第二部分

51—55. F E C A D

第51至55题考查口语课交际性会话练习的形式。

口语课交际性会话练习的形式可分为讲故事、谈经历、新闻报道、角色替换、小组讨论、演讲辩论、小型戏剧等形式。

第51题提到"选择一则新闻进行报道",所以可知答案为F。

第52题将同学分为正反方,进行"谈恋爱是否浪费时间"辩题的辩论,可知答案为E。

第53题由题干"4人一组进行讨论,讨论的话题是'玛丽要回国了,我们要为她举行送别会'"可知此种口语练习形式为小组讨论。

第54题题干中给出了"从前,有一个老人……"的故事开头,要求学生展开想象,续讲故事,故答案为A。

第55题由"同桌之间互换角色"可知此种口语练习形式为角色替换。

56—59. B E D A

第56至59题考查学习者的个体因素。

学习者个体因素是指第二语言学习者在习得过程中表现出的对第二语言习得产生一定影响的生理、认知、情感等方面的特点,包括年龄、智力、学能、认知方式、学习策略、交际策略、动机、态度、性格等。

第56题,认知方式是指人们在对信息和经验进行加工时表现出来的个体差异,是个人在感知、记忆和思维过程中经常采用的态度和方式。认知方式的不同类型包括:场依存型与场独立型、审慎型与冲动型。本题根据不同的认知类型将学生进行分类，故答案为 B。

第 57 题，动机是激励个体从事某种行为的内在动力。内在动机是学习者个体的内在需要，学习者能从学习活动中获得愉快的感受；外在动机是奖励、惩罚、别人的影响等外部因素；融合性动机指学习者对目的语社团有浓厚的兴趣，希望与之亲近，甚至想进一步融合到第二语言社团中成为其一员；工具性动机指学习者的目的是为了获得经济实惠或者其他好处，如通过一次考试、获得奖学金、得到出国机会、晋升等。本题中玛丽属于内在动机，马克是工具性动机。

第 58 题，元认知学习策略主要包括计划策略、监控（监视）策略和调节策略。计划策略是根据认知活动的特定目标，在一项认知活动开始前计划各种活动、预计结果、选择策略，制定各种解决问题的方法，并预估其有效性。计划策略主要包括设置学习目标、浏览阅读材料、产生待回答的问题以及分析如何完成学习任务等。监控策略是指在认知活动进行的实际过程中，根据认知目标及时评价、反馈认知活动的结果与不足，正确评估自身达到认知目标的程度、水平，并且根据有效性标准评价各种认知行动、策略的效果。监控策略主要包括阅读时对注意加以跟踪、对材料进行自我提问，考试时监视自己的速度和时间。调节策略是根据对认知活动结果的检查，如发现问题，则要采取相应的补救措施；根据对认知策略的效果的检查，及时修正、调整认知策略。本题就是元认知三种学习策略的综合，"在课下，他们还需要计划、总结、反思、检查自己学过的知识，反思自己哪里做得好，哪里做得不好，并及时改进学习方法"是计划策略——监控策略——调节策略循序渐进的表现。

第 59 题，学习者的年龄也是教师在教学活动中必须考虑的因素，教师需要根据不同年龄段的认知水平设定符合其特点的教学活动。题目中小学生和中学生选择了不同的教材就是考虑到教学对象的年龄特征。

60. C

此题考查课堂教学的基本环节。

课堂教学的基本环节是：组织教学、复习旧课、导入新课、学习新课、课堂小结、布置作业。

组织教学环节包括学生学习状态的调整。教师通过目光注视、师生问好等形式让学生进入上课状态。故题目中"程老师在讲这篇课文之前，首先与同学们互相问好"是组织教学环节。"接着复习了上一课的内容"是复习旧课环节。导入环节是一节课开始时教师导入新课所说的话，为整节课打下良好的基础。"然后简单介绍了一下丝绸之路"是导入环节，引入新课内容。

61. B

此题考查的是汉语教学设计流程。

依据教学设计环节的先后逻辑顺序，可将教学流程切分为三个阶段：

① 前期信息调查阶段：包括教学对象的分析和教学情境的分析，就是要知道学生是谁，他们的基本情况如何，并且了解将在什么样的环境中实施教学。

② 中期课程策划阶段：首先要制订教学目标，然后对教学内容、教学顺序以及教学进度这三方面进行部署，也即进行课程组织。

③ 后期教学实施阶段：也就是设计教案并实施教学。在实施教学的过程中，为确保教学与学习的有效性，还需要适时对学生的汉语学习进行测试，同时邀请教学管理人员、学生家长等相关方对学生进行评价。

前期的信息调查阶段提供的背景信息用于指导中期的课程策划与后期的教学实施，中期的课程策划为后期的教学实施提供大致的框架，而后期教学实施阶段所反映出的学生学习情况信息则可能需要教师回到课程策划阶段修订课程方案，甚至回到第一阶段，进一步对教学对象和情境做更深入的了解和分析。

62. D

此题考查语法点的教学方法。

A 选项说法错误，将英语和汉语进行对比可以让学生更直接地了解两个词的差异，借助母语理解目的语是很有必要的。B 选项先展示具体例子，再"让学生自己总结'令'的用法"属于归纳法，不是演绎法。C 选项讲解时示范错误的例子会使学生产生不必要的混淆，应根据学生使用过程中出现的偏误进行总结。

答题思路与技巧：过于绝对化的选项一般是错的，排除 A。

63. C

此题考查的是写作课的教学方法。

过程教学法的教学重点放在学生的写作过程上，强调在学生写作过程中帮助他们发现、分析和解决问题，教师的指导贯穿于整个写作过程直至最后成文。这一方法分为"写前阶段（即学生的构思阶段）""初稿阶段""修改阶段""重写阶段"和"评阅阶段"。题干中教师"要求学生先构思，接着写出提纲，然后写初稿，反复修改后写出定稿"符合"过程写作"的教学方法。

64. A

此题考查的是教学方式。

归纳法是指教师首先给学生提供丰富的、含有语法点的例句或者语言材料，让学生在接触这些例句或语言材料的过程中慢慢体会，最后引导学生自己总结语法规则。题目中教师通过图片、提问以及举出例句的方式引导学生自己总结句型，属于"归纳法"。

答题思路与技巧：A、B 相反，答案为其中之一的可能性较大。

65. C

　　此题考查的是纠错模式。

　　A 选项"明确纠正"是指直接指出错误并告诉学生正确的形式。B 选项"诱导"是指通过提问诱导学生说出正确的句子。C 选项"提供元语言认识"是指讲解语言本身的差异，让学生意识到自己的错误。D 选项"要求澄清"指出现偏误的时候要求学生重新表述。题目中郝老师讲解了"低"和"矮"两个词语的差异，属于"提供元语言认识"的纠错方式。

66. B

　　此题考查对语法练习形式的理解。

　　语法练习的形式包括：机械性练习，如替换词语；有意义练习，如根据词语和结构说句子；交际性练习，如用所给句式完成对话。题目中的"做中学"是根据所给图片引导学生用本课语法点说句子，属于有意义练习。

67. B

　　此题考查阅读课的生词处理问题。

　　阅读课的重点在于培养学生的阅读能力和总结概括大意的能力，对于一部分生词，可以鼓励学生根据上下文语境进行猜测，锻炼学生的猜词能力。故 B 选项说法最为合理。阅读课文中的生词要区别对待，有些生词知道意思即可。

　　答题思路与技巧：过于绝对化的说法常常是错误的，排除 A、D。

68. B

　　此题考查对练习类型的理解。

　　从认知角度可以把练习分为感知类、记忆类、理解类和应用类。感知类，比如通过动作、图片初步了解词语的意思；记忆类，比如记住并能直接说出词语的意思；理解类，比如能在句子语境中判断词语的意思；应用类，比如能用词语进行对话。

69. D

　　此题考查阅读课的教学原则与方法。

　　阅读课的教学过程中要将精读与泛读结合起来，精读为主，泛读为辅，提高学生的阅读理解水平。A 选项，讲一篇新的阅读课文之前一般需要用导入环节作适当铺垫；B 选项，以词汇、语法为主是综合课的教学特点，阅读课以阅读技能训练为主；C 选项，阅读课练习可以是封闭性的，也可以是开放性的，要根据教学需要来设计。

　　答题思路与技巧：过于绝对化的选项常常是错误的，排除 C。

70. B

　　此题考查如何应对课堂突发事件的问题。

　　B 选项采用大声制止的方法，容易引起课堂混乱和师生矛盾，做法不恰当。处理课堂冲突要根据具体情况，采取化解和疏导的方法，并尽量与教学内容结合，回归教学，不应激化矛盾或简单制止。

71. D

　　此题考查对课堂教学反思的理解。

　　D选项中处理方法最为恰当和有效。教师通过主动沟通来寻找原因，然后"对症下药"，具体问题具体分析。

　　答题思路与技巧：过于绝对化的选项常常是错误的，排除C。

72. B

　　此题考查听力练习的处理方法。

　　A选项说法错误，学生在做听力练习的时候，应以学生听为主，教师的讲解作为辅助，帮助学生理解。C选项说法错误，教学中应当一视同仁，对待差生不能采取置之不理的方法。D选项说法错误，听力课的主要目的是为了提高学生的听力理解水平，不能只追求答案的正确性。

73. D

　　此题考查听力教学的原则和方法。

　　D选项中"记的时候要求学生只使用汉语"过于绝对，学生适当地利用自己的母语可以帮助自己理解和记忆目的语，不应该采用绝对禁止的方法。

　　答题思路与技巧：过于绝对化的选项常常是错误的。

74. A

　　此题考查词汇教学方法中的直接法。

　　直接法也称自然法，它主张采用口语材料作为教学内容，用教儿童学习母语的方法来设计外语教学的过程和方法。直接法采用直观的教具，广泛地利用实物、图画、动作、表情和手势等，强调学习者通过模仿、大声朗读和背诵来进行语言练习，运用接近生活实际的教学方法，较为活泼地进行教学。它为后来的听说法、视听法和交际法的发展打下了基础。

75. C

　　此题考查词汇教学方法中的联想法。

　　联想法的特点是在词汇教学的过程中最大限度地进行有效和适当的词汇联想与扩展。

76. D

　　此题考查词汇教学方法中的搭配法。

　　搭配法的特点是通过词与词之间的搭配，讲清词的用法，如常与哪些词搭配，怎么搭配，从而让学生掌握该词的用法。

77. E

　　此题考查词汇教学方法中的情景法。

　　情景法是20世纪二三十年代产生于英国的一种以口语能力培养为基础，强调通过有意义的情景进行目的语基本结构操练的教学法。利用该教学法，教师可以选择学生熟悉的、贴近学生生活的事例来设定具体的语言情景，让学生从词的实际应用中去体会、理解词义。

78. B

　　此题考查词汇教学方法中的类聚法。

　　类聚法就是指利用词语之间的聚合关系，依据一个固定的语义群或话题，将相关的词语组织起来进行讲解或者复习，使新旧词语互相对照，进而系统地学习词汇的方法。

79. F

　　此题考查词汇教学方法中的翻译法。

　　翻译法，又叫语法翻译法，是用母语翻译教授外语书面语的一种传统外语教学法。语法翻译法又称传统法、古典法、旧式法、阅读法、普鲁士法等。其代表人物为奥朗多弗和雅科托等。

80. D

　　此题考查试卷结构和试卷题型。

　　连词成句——将打乱顺序的词语组合成完整的句子；看图写话——用所给的词语描述图片的内容；连词成段——将打乱顺序的词语组合成一段完整的话。"连词成句"和"看图写话"是常用的题型指令语。

81. A

　　此题考查成绩的波动情况，即考察方差的计算方法。

　　统计中的方差（样本方差）是每个样本值与全体样本值的平均数之差的平方值的平均数。方差不仅仅表达了样本偏离均值的程度，更揭示了样本内部彼此波动的程度。我们可以根据方差计算公式得出六班的方差更大，即波动幅度更大：

$$S^2 = \frac{(x_1-M)^2 + (x_2-M)^2 + (x_3-M)^2 + \cdots + (x_n-M)^2}{n}$$

（其中 S^2 为总体方差，x 为变量，M 为总体均值，n 为样本个数）

　　答题思路与技巧：没有明确结论的选项一般是错误的，如"无法判断""无法比较""以上都不正确"等，排除 D。意思相反的选项，答案可能是其中之一。

82. C

　　此题考查测试的分类。

　　学能测验又叫"学习能力倾向测验"，是用来测量学生学习成绩的一种工具。常用效标是学年平均分数、学绩测验分数以及教师评定等。该测验的主要特点是：检测方式是团体纸笔测验，题目一般是多重选择的客观性题，筛选题目的主要依据是预测外在效标，类型属于难度测验，而且大多测验是成套的，主要为了适应不同年级和不同年龄水平需要。该类测验为了避免过去知识经验的影响，测验内容一般集中在能迁移到各种广泛情境的技能和材料上。

83. B

此题考查测试信度的相关知识。

信度（reliability）即可靠性，它指的是采取同样的方法对同一对象重复进行测量时，所得结果相一致的程度。从另一方面来说，信度就是指测量数据的可靠程度。系统误差对信度没什么影响，因为系统误差总是以相同的方式影响测量值的，因此不会造成不一致性。随机误差也称为偶然误差和不定误差，是由于在测定过程中一系列有关因素微小的随机波动而形成的具有相互抵偿性的误差。随机误差可能导致不一致性，从而降低信度。

84. A

此题考查生词的讲解方法。

四个选项中B、C、D都是描述具体事物的实义名词，可以借助图片或者实物进行解释，适合略讲。A选项"打算"意思和用法相对复杂，又是常用词，应该详细讲解。

85. C

此题考查对词语教学法中直接法的理解。

直接法主张采用直观的教具，广泛地利用实物、图画、动作、表情和手势等，强调学习者通过模仿、大声朗读和背诵来进行语言练习，运用接近生活实际的教学方法，较为活泼地进行教学。选项中，只有"不过"属于连词，表示转折义，需要举出例句进行解释，不适合运用直接法。

86. D

此题考查对生词讲解方法的选择。

"足足"是指不少于，需要搭配数量词或者时间词来解释词义，所以设置语境可以让学生更好地理解它的用法。

87. B

此题考查对任务型练习方式的理解。

任务型练习主张"做中学"，基本的理念是学生在老师的指导下，通过感知、体验、实践、参与和合作等方式实现任务的目标。B选项让学生背诵课文，不属于任务型练习。

88. D

此题考查语法点的练习方法。

例句中通过改变语法点"又……又……"的中间成分，来达到词语替换的目的，从而巩固语法点。

89. D

此题考查语法点"什么"的例句设计。

"什么"有疑问代词的用法，也有非疑问代词的用法。画线句中出现的是"什么"表示周遍性任指的非疑问代词用法，常常用在"都、也"的前面，表示所说的范围内没有例外。选项A、B、C都是这种用法。只有D选项是虚指用法，表示不知道、说不出或者不想说的人或物的意义，所以用在这里不恰当。

答题思路与技巧：A、B中都是"什么都"的搭配形式，不可能同为错，但可能同为对，先排除。C、D比较，C中的"什么"意思更接近A、B。

90. A

此题考查对《诗经》题材的理解。

诗经根据乐调的不同分为《风》《雅》《颂》三部分。其中《风》是不同地区的地方音乐，是从周南、召南、邶、鄘、卫、王、郑、齐、魏、唐、秦、陈、桧、曹、豳等15个地区采集的土风歌谣，共160篇，以恋爱、婚姻、劳动为主要题材，大部分是民歌。《雅》是周王朝直辖地区的音乐，即所谓正声雅乐，是贵族享宴或诸侯朝会时的乐歌，《大雅》多为贵族所作，《小雅》为个人抒怀。《颂》是宗庙祭祀的舞曲歌辞，内容多是歌颂祖先的功业。

91. C

此题考查《诗经》收录诗歌的数量。

《诗经》是中国古代最早的一部诗歌总集，原称"诗"或"诗三百"，收集了西周初年至春秋中叶（前11世纪至前6世纪）的诗歌，共305篇，反映了周初至周晚期约五百年间的社会面貌。其中6篇为笙诗，即只有标题，没有内容，称为"笙诗六篇"（《南陔》《白华》《华黍》《由庚》《崇丘》《由仪》）。

92. B

此题考查《诗经》中《颂》的分类。

《颂》又分为《周颂》31篇，《鲁颂》4篇，《商颂》5篇，共40篇，全部是贵族文人的作品。从时间上看，《周颂》和《大雅》的大部分产生在西周初期，《大雅》的小部分和《小雅》的大部分产生在西周后期至东迁时，《国风》的大部分和《鲁颂》《商颂》产生于春秋时期。

93. A

此题考查对《诗经》文化常识的积累。

《诗经》是我国第一部诗歌总集，后来被儒家奉为经典。

94. B

此题考查传统节日的饮食。

月饼最初是用来祭奉月神的祭品，后来人们逐渐把中秋赏月与品尝月饼作为家人团圆的象征，慢慢月饼也就成了节日食品。

95. B

此题考查和节日相关的古代诗作经典。

其中A选项出自唐代诗人杜甫的《八月十五夜月二首》，C选项出自唐代诗人李商隐的《嫦娥》，D选项出自唐代诗人王建的《十五夜望月》，都和中秋节有关。B选项出自宋代诗人黄庭坚的《登快阁》，是其中的写景名句，该诗主要表达诗人怀才不遇，抱负无法施展的悲慨，与中秋节无关。

96. D

此题考查传统民俗活动。

D选项为元宵节的传统民俗活动。

玩儿兔儿爷："兔儿爷"最早出现在明末，是用来祭月的，每到农历八月十五那一天，家家都要供奉，摆上好吃的瓜果菜豆，酬谢其给人间带来的吉祥和幸福，还亲切地称其为"兔儿爷""兔儿奶奶"。但由于"男不祭月，女不祭灶"的风俗，小孩子经常在旁边模仿母亲祭祀的样子，兔儿爷就慢慢交给小孩子祭祀了，再后来就演变成儿童玩具，并产生了很多能活动的形象，在北京、济南等北方地区很流行。

吃月饼：中秋节习俗之一。满月形的月饼也跟十五的圆月一样象征着大团圆，人们把它当作节日食品，用它祭月，赠送亲友。

饮桂花酒：自古我国就有中秋节饮"桂花酒"的习俗，和传说"吴刚伐桂"有关，每逢中秋之夜，人们仰望着明月，闻着阵阵桂香，遥想吴刚砍桂，喝一杯桂花蜜酒，欢庆合家甜甜蜜蜜，欢聚一堂，已成为节日的享受。

97. C

此题考查书法的历史。

最早把书法作为一个专门学科，纳入艺术和技能之列，开创书法教学先例的朝代是周代。周代教育体系要求学生掌握六艺：礼、乐、射、御、书、数。其中"书"即包括文字知识及书写技艺。

98. A

此题考查的是不同书体出现的先后顺序。

篆书是大篆、小篆的统称。大篆指金文、籀文、六国文字，它们保存着古代象形文字的明显特点。小篆也称"秦篆"，是秦代的通用文字。隶书，出现在汉代，亦称汉隶，是汉字中常见的一种庄重的字体，有人认为隶书是"佐助篆所不逮"的，认为隶书是小篆的一种辅助字体。楷书也叫正楷、真书、正书，由隶书逐渐演变而来，是我国封建社会南北魏到晋唐最为流行的一种书体。草书形成于汉代，是为了书写简便在隶书基础上演变出来的。有章草、今草、狂草之分。行书是在隶书的基础上发展起来的，介于楷书、草书之间的一种字体，是为了弥补楷书的书写速度太慢和草书的难以辨认而产生的。

99. C

此题考查对古代书法作品的了解。

《兰亭序》是东晋书法家王羲之的名作，具有极高的艺术价值，被称为"天下第一行书"，与《祭侄季明文稿》《寒食帖》并称三大行书法帖。

100. D

此题考查对古代书法名家的了解。

苏轼在"尚意"书风中是领头人物，以"吾虽不善书，晓书莫如我"的气概引领一代新风。黄庭坚为"苏门四学士"之一,受苏轼教诲。米芾虽未入"苏门",但听从苏轼"入魏晋平淡"的建议,取法二王。因而苏轼对宋代书法有化身千百的不凡功德。他所书的《寒食帖》被誉为"天下第三行书",因而在"尚意"书风中,一般将苏轼排在第一位。

说明: 第三部分"综合素质"为情境判断题,考查考生的个人态度倾向,没有统一的标准答案。

仿真预测试卷三

第一部分

1. C

  此题考查修辞格。

  全诗以"愁"字统领,前两句意象密集:落月、啼乌、满天霜、江枫、渔火、不眠人,营造一种意蕴浓郁的审美情景,既描写秋夜江边之景,又表达了作者的思乡之情,此为映衬;文中景物一静一动、一明一暗,此为对比。

2. C

  此题考查/ə/的音位变体。

  最后两句中共有四个字的韵母含/ə/音位,分别为"城""夜""声""客"。"夜"中的变体为[ɛ],"客"中的变体为[ɤ],"城""声"等鼻韵母中为[ə]。

3. C

  此题考查汉语声母的发音。

  "钟""城"这两个字的声母分别为zh、ch。从发音部位来看,二者都是舌尖后音;从发音方法来看,两者都是塞擦音,且都是清音,声带不振动。二者的区别在于:ch是送气音,呼出的气流较强;zh是不送气音,呼出的气流较弱。

4. B

  此题考查韵母结构。

  "对""愁""天""山""到"的韵母结构如下表:

例字	声母	韵母		
		韵头	韵腹	韵尾
对	d	u	e	i
愁	ch		o	u
天	t	i	a	n
山	sh		a	n
到	d		a	o

5. C

  此题考查造字法。

  A选项中"月"是象形字,"到"是形声字;B选项中"鸟"是象形字,"落"是形声字;C选项中"夜""愁"均为形声字,"夜",金文、小篆从夕,亦省声，夕指月亮；D选项中"火"为象形字，"寺"为形声字。

6. D

此题考查汉字形体演变顺序。

D项中各字体依次为金文、战国文、小篆、隶书。

7. A

此题考查对"落"的义项的理解。

"落伍"中"落"的意思为遗留在后面，A选项与其一致。B、C、D三项中的"落"分别为物体因失去支持而下来、留下、归属的意思。

8—12. E D F C B

第8至12题考查辅音的发音原理及其分类。

第8题，按成阻和除阻的方式分类，f [f]、x [ɕ]是擦音。

第9题，按成阻和除阻的方式分类，zh [tʂ]、ch [tʂ']是塞擦音。

第10题，按发音部位分类，j [tɕ]、q [tɕ']是舌面音。

第11题，按成阻和除阻的方式分类，m [m]、n [n]是鼻音。

第12题，按成阻和除阻的方式分类，g [k]、k [k']是塞音。

13. A

此题考查对语素和音节定义的理解。

"康乃馨"是一个音译的外来词，它是一个语素；汉语中除儿化词外，其他一般都是一个汉字一个音节，"康乃馨"包含三个汉字，是三个音节。

14. A

此题考查对复合词词根间语义关系的掌握。

"项链"属于偏正式结构。选项中A为偏正式，B为联合式，C为支配式，D为主谓式。

15. D

此题考查对双宾语句的掌握。

有指人和指物双层宾语的句子叫双宾语句，例如"送她一条项链"。A选项为兼语句，B选项为连谓句，C选项为存现句。

16. D

此题考查对"给"的意义和用法的理解。

句③中的"给"是动词，指使对方得到或遭受，D选项与其一致。A选项中"给"是介词，同"为"；B选项中"给"也是介词，引进动作的对象，跟"向"相同；C选项中的"给"是助词，用在表示被动、处置等意思的句子的谓语动词前，以加强语气。

17. C

此题考查对情态补语的理解。

句④为情态补语。情态补语表示由于动作、形状而呈现出来的情貌、状态，中心语和补语中间常用助词"得"。A选项为程度补语，B选项为结果补语，C 选项为情态补语，D 选项为可能补语。

答题思路与技巧：注意问题问的是整句话还是其中的一个部分。

18. C

此题考查对复句类型的掌握。

画线句①为假设复句，偏句提出假设，正句表示假设所产生的结果。

19. A

此题考查"或"的词性与语法意义。

画线处②的"或"为连词，连接上下两个分句，意思是或者。

20. D

此题考查语气词"呢"的语法意义。

A 选项用在陈述句的末尾，表示持续的状态；B 选项用在反问句末，加强反问语气；C 选项用在感叹句末，指明某种事实，并带有夸张的语气；D 选项用在简略特指问中，表示疑问，与句③用法相同。

21. D

此题考查"就"的词性与语法意义。

画线处④的"就"为副词，表示在某种情况下自然怎么样。前面的"不然"，即"如果不是这样"，表示一种假设的情况，"似乎对不起爱情"是在这种假设情况下自然产生的结果。

22. C

此题考查短语的内部语义关系。

其中 A 选项为主谓关系；B 选项为述补关系；C 选项为并列关系，与"坚定不移"相同；D 选项为偏正关系。

23. A

此题考查对设问句的理解。

设问句是无疑而问，自问自答，以引导读者注意和思考问题。画线句⑥提出问题，即以梦对应四季会怎样，后面紧接着作出回答"春天是……，夏天是……，秋天是……，冬天是……"。

24. C

此题考查对比喻这一辞格的理解。

比喻就是用本质不同又有相似点的事物描绘事物或说明道理的辞格。可分为不同类型：明喻，本体、喻词和喻体同时出现，常用的喻词有像、好像、好似、如、有如、如同、恰似、仿佛等；隐喻（又称暗喻），本体、喻体同时出现，但用是、成、成为、变为等动词代替"像"一类的喻词；借喻，不出现本体，或不在本句出现，而是借用喻体直接代替本体；反喻，以反托正，相反相成，喻词常用"不是"或者"不像"。

25—29. A D B E G

第 25 至 29 题考查义素分析法。

第25题，义素分析法是通过不同义位的比较，从而找出义素的方法。

第26题，义项是词的理性意义的分项说明。

第27题，区别特征是构成词义的最小单位，也就是义素。

第28题，共同义素是同组中的共同特征。"哥哥""妹妹"都有［平辈］、［亲属］这些义素。

第29题，区别义素是具有区别作用的意义要素。"哥哥"具有［男性］、［年长］的义素，"妹妹"则有［非男性］、［非年长］的义素。

30. C

此题考查对归纳与演绎这两种基本教学方法的理解。

在对外汉语教学中，演绎法是先给出语法规则，然后让学生说出句子以验证；归纳法则是先给出若干例句，然后让学生试着总结相关规则。

答题思路与技巧：归纳与演绎是一组相对概念，选项中同时出现，答案可能是其中之一。

31. B

此题考查对偏误类型的理解。

正确的说法应该是"姐姐送来一个礼物"，因此是错序。

32. D

此题考查对趋向补语引申义的理解。

A选项是"下来"的引申义，表示开始出现并继续发展；B选项是"起来"的引申义，表示动作开始并继续；C选项是"出来"的引申义，表示从无到有；D选项是"过去"的本义用法，指离开说话人，向另一处去。

33. A

此题考查对汉语语法项目的熟悉度及学生水平的掌握。

简单趋向补语在《国际中文教育中文水平等级标准》中属于二级语法点，应为初等水平。

34. C

此题考查对汉语教学课型的掌握。

材料是对语法知识的讲解操练，一般属于综合课的内容，而其余三项是专项技能课。

35. D

此题考查对"来"的意义和用法的理解。

A选项中用"来"代替意义更具体的动词；B选项中"来"用在另一动词前，表示要做某件事；C选项中的"来"意思为事情的发生、来到；D选项中"来"用在介词结构与动词结构之间，句①中"来"用在动词结构与动词结构之间，都表示前者是方法，后者是目的。

36. B

此题考查对汉语熟语系统相关概念的掌握。

"说出去的话，泼出去的水"是流传于民间的形象通俗而含义深刻的语句，也就是谚语。

37. C

此题考查趋向补语"出来"用法。

③中"出来"为引申义，意为从无到有，从隐蔽到显露，选项A、B、D均为此义。C项则是"出来"的本义，通过动作由空间处所里到空间处所外。

38. A

此题考查对兼语句式的理解与掌握。

由兼语短语充当谓语或独立成句的句子叫兼语句。"他们"既是"暗示"的宾语，又是"去认识和改正"的主语。

39. D

此题考查对汉语普通话轻声音节的掌握。

A选项的拼音为"zhǔyi"（口语中也读 zhúyi），B选项的拼音为"hétong"（有时也读 hétóng），C选项的拼音为"jiǎngjiu"，D选项的拼音为"pīpíng"。

40. D

此题考查对常用成语的理解与掌握。

"心照不宣"指的是彼此心里明白，而不公开说出来；"不言而喻"指的是不用说就可以明白，借以形容道理很明显；"志同道合"指的是人与人之间彼此志向、志趣相同，理想、信念契合；"同心合意"指的是心志一致；"心领神会"指的是对方没有明说，心里已经领会。

41. C

此题考查对德国格式塔心理学派提出的学习理论的掌握。

认知—发现说是美国布鲁纳的学习理论，操作学习理论是斯金纳通过白鼠实验提出的，尝试—错误学习理论是美国桑代克提出的。

42. D

此题考查对学习理论流派的掌握。

德国格式塔心理学派提出的顿悟—完形说强调整体观和知觉经验的组织作用，关切知觉和认知的作用，属于认知派学习理论。

43. A

此题考查对认知学习理论和行为主义学习理论特点的掌握。

认知学习理论认为学习是一种顿悟，当个体面临一个问题时，会产生认知上的不平衡，这会促使个体努力去解决问题以求得新平衡，而问题解决是在对问题情境有了整体把握，并对其内在实质有所顿悟后才实现的。选项B、C、D都是行为主义学习理论的特点。

44. D

此题考查对教学法流派的掌握。

A 选项是为了让学习者通过强化加强刺激与反应之间的连接，受行为主义学习理论的影响。B 选项是为了让学习者消除心理障碍，受人本主义学习理论的影响。C 选项是为了让学习者从语言的功能出发进行社会交际，受人本主义学习理论的影响。D 选项是为了让学习者理解并自觉掌握语言规则，受认知学习理论的影响。

45. C

此题考查对认知派教学法与经验派教学法分类的理解。

认知派教学法包括语法翻译法、自觉对比法、认知法，选项 A、B、D 均属于经验派教学法。

46. D

此题考查对克拉申输入假说的理解与掌握。

该假说的理论基础是习得与学习假说。他认为人们的二语表现中存在着两种独立的知识系统。第一是习得系统，指的是无意识地获得语言能力的过程；第二就是学习系统，指有意识地学习语言知识的过程。输入假说研究的是习得而不是学习。因此习得与学习假说是其输入理论的基础。

47. C

此题考查对克拉申"i＋1"理论的理解。

克拉申认为，只有当习得者接触到"可理解的语言输入"（comprehensive input），即略高于他现有语言技能水平的第二语言输入，而他又能把注意力集中于对意义或对信息的理解而不是对形式的理解时，才能产生习得。这就是他著名的 i＋1 公式。i 代表习得者现有的水平，1 代表略高于习得者现有水平的语言材料。

答题思路与技巧：C 与 D 相反，答案可能是其中之一。

48. B

此题考查对可理解性输入的理解。

中介语是指在第二语言习得过程中，学习者通过一定的学习策略，在目的语输入的基础上所形成的一种既不同于其第一语言也不同于目的语，随着学习的进展向目的语逐渐过渡的动态的语言系统；保姆式语言指的是母亲与幼儿接触时所使用的语言；教师语言指的是通过课堂方式学习外语的学习者接受的语言输入。这三者都符合克拉申可理解输入的定义。而洋泾浜是指 19 世纪中外商人使用的混杂语言，只有口头形式，没有统一的书面形式，而且变体很多。该语言流行于当时的上海洋泾浜周边地区，故由此得名。

49. A

此题考查情感过滤的成因。

认知指的是学习者在不同阶段对作用于人的感觉器官的外界事物进行信息加工的过程，它包括感觉、知觉、记忆、思维等活动；个体特征是指学习者所具备的学习语言的各项能力；社会文化是指学习者所处的目的语环境与文化环境。

50. C

　　选项 A、B、D 均是影响学习者二语习得的内在因素，情况因人而异，但认知特点在同一群体内则具有相对普遍的规律。

第二部分

51. D

　　此题考查课堂活动设计。

　　根据步骤 2 中老师读的音节可知数字 1、2、3、4、0 代表一声、二声、三声、四声和轻声。活动的目的是巩固学生对声调的感知。

52. A

　　此题考查对学习者水平的判断。

　　学生处于声调学习阶段，并且密码本上的字词全部是 HSK 一级词汇，因此选 A。

53. B

　　此题考查语音教学原则。

　　这位老师将语音学习的难点分散，让学生在 e 和声母的拼读学习中逐渐改善发音，故选 B。

54. D

　　此题考查课堂管理的方法。

　　造成学生不明白的原因是课堂用语比较复杂，选项 A、B、C 可以改善这种状况，D 选项不仅没有解决问题，而且还会打乱教学顺序。

55. C

　　此题考查课堂管理中的分组技巧。

　　"组内异质"指组中的学生有一定差异，比如国籍、性别、语言水平等。"组间同质"则指各个小组之间的情况接近，相对公平。选项 A、B、D 的随机性太大，未必能达到预期的效果。

56. A

　　此题考查备课顺序。

　　教学重点和难点应该在撰写教案之前就确定好，这样才能有针对性地设计活动等，因此排除 B 选项。确定教学重点和难点需要先知道学生的水平，因此排除选项 C、D。

57. B

　　此题考查教案的相关知识。

　　即使教学内容相同，教师也应该根据学生的水平等情况对教案进行调整之后才能使用。

58. D

　　此题考查对外汉语教学参考书的相关知识。

　　《现代汉语八百词》以虚词为主，详细说明了每个词的意义和用法。选项A是关于学科概论的，选项B是关于近义词辨析的，选项C是关于教学法的。

59. C

　　此题考查教材加工的相关知识。

　　引入词源可以加深学生对词汇的印象，但是来源说明中通常会出现一些学生知道文化背景之后才能理解的词，应当替换或删减，使其简单易懂。

　　答题思路与技巧：题目问的是词义，选项D说的是语法，先排除。

60. B

　　此题考查多媒体教学的相关知识。

　　教师可以通过幻灯片中不同文字和图片的出现顺序，营造出操练语境。

61. C

　　此题考查对常用汉语教材的了解。

　　《体验汉语口语教程》体现了任务型教学法。课文型教材多使用作品原文，适合中高级阶段学习者。话题型教材以话题为纲。文化型教材以文化知识为纲，并结合了语言教学。

62. D

　　此题考查教学设计。

　　口语课的目的是提高学生的口语交际能力，教师应该精讲词汇和语法，留出更多时间用各种方法让学生练习口语。

63. A

　　此题考查学习阶段的判断。

　　根据课文话题、语法点以及词汇难度可以判断出是初级教材。

64. C

　　此题考查教材的选择。

　　插图和版式是教材的外在形式，会对学生的学习有一定影响，但只是次要因素，教材的编写理念、内容编排和使用对象都是决定性因素。

65. D

　　此题考查对教材和教学内容的处理。

　　学生对于教学大纲、学生整体水平和语言结构的完整性等不够熟悉。

66. C

　　此题考查教学活动的分类。

　　学生通过角色扮演在虚拟的场景中使用汉语进行商务活动，因此属于实践活动式。

67. D

　　此题考查激发学习动机的方法。

　　教师协助和鼓励学生将学习过程中的收获呈现出来，能够增强学生的收获感和满意度，故选D。

68. B

　　此题考查设计教学任务的原则。

　　课堂教学任务应该在学生的"最近发展区"进行，即能促进学生通过努力能够达到的层次要求。因此选项B不符合科学性。选项C、D分别体现的是系统性和具体性。

69. B

　　此题考查话题与教学活动。

　　根据《国际汉语教学通用课程大纲》，选项A、C、D分别是文学与艺术、文化娱乐和价值观念。

70. C

　　此题考查教学环节。

　　讲练新内容环节以机械练习为主，巩固环节以有意义的练习为主。

71. B

　　此题考查教学法。

　　师生互动与真实场景下的交际一样，故选B。

72. D

　　此题考查交际策略。

　　这名学生遇到自己无法表达的词汇时采取了使用简单词汇表达的方式，避开了不会的词语，故选D。

73. C

　　此题考查教师反思。

　　提问的频度和范围涉及统计和细节，录音录像可以让教师反复看，更有利于把握实际情况，作出准确统计。

74. D

　　此题考查课堂管理。

　　学生对于自己的汉语水平认识有偏差，教师应该与学生沟通，不应采取置之不理的处理方式。

75. B

　　此题考查学习者焦虑。

　　口头活动过多会增强学生的焦虑，应该让课堂活动丰富起来，组织多种形式的活动。

76. B

　　此题考查纠错方式。

重述：教师用正确的语言形式表述学生的意思但不明确告诉学生错误。

77. C

此题考查纠错方式。

重复：教师重复学生的话语，伴随上升的语调或重音，以突出学生错误。

78. E

此题考查纠错方式。

元语言提示：对学生的语言形式给予评论或提出质疑，不给出正确答案，而是提供相关知识的提示，让学生自我纠正。

79. A

此题考查纠错方式。

直接纠正：直接指出学生错误并给出正确答案。

80. D

此题考查纠错方式。

要求澄清：当语言有严重错误导致理解困难时，教师要求学生重新组织话语。

81. D

此题考查跨文化交际能力和意识。

不仅要有必要的知识和经验，更要有跨文化理解的能力和移情能力，设身处地地理解交际对方的文化，适应对方的思维方式和交际方式。要具备跨文化意识，不仅要了解文化差异，还必须接受和承认文化差异。选项A、B、C都不是充分条件。

82. A

此题考查跨文化交际。

遇到文化差异时要及时沟通，想办法解决问题，不能抱着回避的心态。

83. D

此题考查文化教学。

选项A、B、C没有体现语言教学，而且选项B、C做法欠妥。

84. B

此题考查文化差异与跨文化交际。

选项B体现的是移情，即说话者站在听话者的角度和立场上作出语言选择，摆脱自身文化的约束而置身于听话者的文化模式中。选项A、C、D体现的是共情，即个体对他人情绪和精神状态的理解及对其行为的推测，也就是我们常说的感同身受，能够设身处地地从对方角度考虑问题。简单说，移情就是他在这种情况下是怎么想的，共情就是我如果处在他的情况下会怎么想。

85. C

此题考查中介文化行为。

萨沙将学到的目的语文化规则推而广之,超越了使用得体的范围,是泛化的表现。

86. A

此题考查语言测试与评估。

Cronbach提出的α系数是用来计算主观性试题信度系数的。信度指测试结果的一致性、稳定性和可靠性。

87. D

此题考查口语测试的设计。

自我介绍谈论的是个人情况,被试对此很熟悉并且能够提前准备,因此可以作为口语分班测试的热身,让被试进入状态。

88. C

此题考查测试设计。

被试看文字材料后朗读出来,能够在一定程度上判断出其认读汉字的水平。

89. D

此题考查测试的分类。

选项A描述的是学能测试。选项B描述的是学业测试。选项C分班测试注重均衡全面,单一的信息不足以作为依据。

90. E

此题考查中华文化知识。

根据裙子"飘扬""拖地"和"人上天"可知是荡秋千。

91. D

此题考查中华文化知识。

根据"弄假如真"和"一丝风"可以判断出是风筝。

92. C

此题考查中华文化知识。

根据"群龙水上游"和"舟"可判断出是赛龙舟。

93. B

此题考查中华文化知识。

根据"双枝需组履平地"可以推断出是踩高跷。

94. A

此题考查中华文化知识。

根据"清明""寻春半出城"可以推断是踏青。

95. F

此题考查中华文化知识。

根据诗句中的时间"九月九日"可知是重阳节的登高习俗。

96. D

此题考查中华文化知识。

司马池经过几番周折寻到9面石鼓，早在唐末便已散失的作原石鼓在当时仍没有踪迹。

97. A

此题考查中华文化知识。

石鼓文是金文或大篆向小篆过渡阶段的字体。

98. C

此题考查篆刻知识。

文字凹陷下去的印章称为阴文印，又称白文印，印出文字红底白字；文字凸起的称为阳文印，又称朱文印，印出文字为白底红字。"仓石"从右向左读。故选C。

99. C

此题考查对当代中国文化热点的了解。

《本草纲目》1593年金陵版于2011年入选。《玩偶之家》手稿于2001年入选。清代科举金榜于2005年入选。安徒生手稿及通信于1997年入选。

100. D

此题考查中华文化知识。

99等于100减1，"百"去掉上面一横即为"白"。

说明：第三部分"综合素质"为情境判断题，考查考生的个人态度倾向，没有统一的标准答案。